哲学的回音

ECHO OF PHILOSOPHY

高中师生哲思之旅

张昱懿 著

上海三联书店

目　录

序

这本薄薄的小书是高中学生和政治老师的对话。在高中的哲学课堂和课间有很多学生向老师提出了很多问题，其中核心的问题就是学生们认为哲学很有道理，但是在自己的学习和生活中怎么运用，往往难以上手。语文老师也会经常抱怨学生的作文和分析文本缺乏辩证的思想。这引发了我的思考，能否把学生提出的一些问题，从哲学的视角用文字表达出来，给学生以启发呢？然后我走进了教室，和学生提出了一起写一本书的想法，得到了学生们的欢呼。我和学生的写作就这么开始了。

一本中学生愿意看的书，问题可以来自学生。同学提出了学习、人际交往、社会现象乃至于人生终极思考方面的问题，引发了我的写作思路。一谈到哲学，中学生都会觉得太高深、太抽象、太难懂了。写一本浅显的哲学读物成为我对这本书的价值判断。这本书把深奥的哲学道理，用生活化的语言、娓娓道来的方式来写，少用了晦涩的哲学语言，符合了中学生读者的阅读特点，能够引发学生的兴趣。怎么把深奥的哲学道理，深入浅出地表达出来，成为我写作的难点。书的功能是传递知识、传递方法，能给中学生一些帮助就好。

历代的哲学家们，通过巧妙的思辨，构建了人类知识的大厦。哲学的价值，不在于提供了什么答案，而在于创造了一套系统地发现答案的方法。哲学的价值在于它的思辨性和反思性。这本书不是给学生心灵鸡汤，而是给学生提供理性思考的范例。通过这些范例，给中学生架起了阶梯，反思自己的学习与生活，并对社会现象的分析有一个思路。哲学提供了方法论，书中设置的“为你支招”的部分，虽然不能提供非常具体的方法，但是可以提供一般方法的指导，指引中学生去思考、寻求具体的方法。为了拓展学生的阅读，本书推荐了一些经典的哲学书籍，供学生进行拓展性阅读。

这本书是学生和老师一段段的哲思之旅。譬如，文章写作是以学生的问题为导向的，以解决学生问题为目的的，所以缺少系统设计，挂一漏万和偶尔重复在所难免。提供的哲学知识，也是根据同学的问题和老师的分析提供的，不能做到面面俱到。又如考虑到中学生的阅读特点，文章篇幅短小，也会使分析不能充分、深入。

本书可以成为学生的读物，同时也适合政治老师、语文老师来阅读与使用，可以给教师们提供学生关心的话题和分析的视角，可以成为和学生讨论的话题，期待迸发更多智慧的火花。语文教师可以从中思考哲学对这些问题的分析，如果能够转化为文学语言，想来对学生提高写作能力有很大的价值。

还有一点要说明的是，本书写作的时候正是高中思政课程教材从上海教育出版社版本向全国统编教材（人民教育出版社）过渡的时期，本书中的哲学小贴士基本来自《普通高中教科书思想政治必修4哲学与文化》（人民教育出版社）、《高级中学中学思想政治教材》（上海教育出版社）以及相关的教学参考。这两套书是当时全国和上海使用的高中政治学科教材。

本书立足于高中，也兼顾了初中，希望对中学生和教师都有所启发！

张昱懿

2021年4月

第 1 讲　如何处理学业

寻找“上帝之手”

小 A 的数学成绩呀，总是马尾穿豆腐——提不起，在全班排在后几位。为此她决心奋起直追，向班上数一数二的小 B、小 C 和小 D 三位“数学巨头”讨教诀窍：莫非他们真有“上帝之手”在暗中帮助吗?

她先找到小 B。小 B 大笑，说，什么上帝下帝呀，数学无非是套路，很简单的。小 A 不信，在一通围追堵截后，小 B 答应她一起找她所谓的“上帝”——校外数学补习班的一位老师讨教。

然而，小 A 是乘兴而去、败兴而归：那个“上帝”的讲课不但速度极快，而且还像老和尚念经，毫无激情。几次补习下来，小 A 只感到自己都被数字包裹得透不过气来了，仿佛是绑在火堆上炭烤的食物。偷窥一边的小 B，小 B 也没听进去，一会儿做做题，一会儿看看手机。小 A 摇摇头。看来并不是这个“上帝”使小 B 这么厉害的。

小 A 开始偷偷观察班上的二号数学学霸小 C，发现小 C 无论何时何地，手里总是拿着一本数学课外练习。小 A 恍然大悟：原来小 C 的“上帝之手”是见缝插针地大量地“刷”好题呀！小 A 激动了，两眼变成了雷达，闪电般地把小 C 手中的数学课外练习书扫到了视网膜上，然后立马也去买了一本，也开始忙里偷闲地

“刷”开了。然而，直刷得头昏脑涨、两眼都发黑了，数学的成绩没见上升一分半分，反而拖住了其他科的成绩。

小A百思不得其解，抓耳挠腮地找到了三号数学学霸小D。小D奇怪地望着小A，一语点开了小A的迷津：“兴趣加努力，思考与方法，这才是你要找的‘上帝之手’呀！”

晓哲老师有话说

发生在小A身上的故事，是同学们学习中普遍遇到的一个现象。怎么让自己的学习有所提高？这是每一位中学生思考的问题。小A为了突破学习中的瓶颈，去研究他人的学习方法和特点，虽然文章中最终仍没有找到答案，但是这种精神值得大家学习与尝试。在哲学上这种做法是符合唯物主义的世界观的。

看到这样一个名词，同学也许会想唯物主义者大概是物质的追求者，执着于物质上的满足。是这样吗？其实哲学上所区分的唯物主义和唯心主义，都是围绕物质和意识谁是本原的问题展开的。这是初学哲学的同学就要开始思考的问题。唯物主义者承认物质是世界的本原，先有物质后有意识，物质决定意识。有这种思想的人往往在分析问题、解决问题的时候要分析具体的条件和客观事实，然后去寻找解决问题的方法，在哲学上叫作“一切从实际出发”。

为你支招

寻找“上帝之手”，首先就是要研究自己：每个人的学习成果实际上是由每一天的成果积累而成，要先和自己的成功或不成功对话，倾力于每一节课、每一次测验、每一次作业等等，给自己一个总结学习的机会，要有意识地从这些经历中增长自己的经验和智慧。了解自己最困难，但是谁能真正了解自己，就能使自己的人生道路走得顺利。

然后生活中要做有心人，观察周围同学的学习，每个人身上都有不同的优点，这些优点如果被你吸收了，你可以提高学习的成果。古人云“闻而审则为福矣，闻而不审，不若无闻矣”①。意思是听到而加以审察就有福，听到而不加审察，还不如没有听到。

文中的小 A 同学做得很好，她去实践同学不同方法，虽然没有得到令其满意的答案，但是不气馁，向第三位、第四位……同学学习，一定会有意想不到的收获。你必须去用心发现，每个同学身上都有你值得学习的东西。

在分析了自己学习的特点和他人长处的基础上，找出自己突破的方法，这个时候你就需要拿出纸笔，把你的方法逐条写出来，并且逐条去执行。比如每天多做几道题，做些什么类型、什么知识板块的题目。在执行的过程中再不断地总结，找到适合自己做学习的方法。

在生活和学习中坚持一切从实际出发，求真务实，生活的路才会不断开创新的局面。这就是小 A 寻找的“上帝之手”吧！

哲学知识小贴士

在人类思想史上，唯物主义哲学经历了一个逐步发展提高的过程。唯物主义对物质的理解，对物质与意识关系的把握，经历了一个从朴素到科学、从片面到全面的认识过程。②在马克思主义哲学产生之前。古代的朴素唯物主义和近代的形而上学唯物主义虽然在坚持物质决定意识这个根本方向上，与马克思主义哲学即辩证唯物主义和历史唯物主义具有一致性。但是，由于受历史条件的限制，

① 出自《吕氏春秋·察传》。

② 国家教材委员会：普通高中教科书 思想政治 必修 4 哲学与文化［M］. 北京：人民教育出版社，2019：10。

它们都有局限性。古代的唯物主义哲学家们提出了把世界上的万事万物归结为某一种或几种物质性本原的命题。近代的形而上学唯物主义把物质等同于自然科学的“原子”。

马克思主义哲学创始人批判地继承了以往唯物主义的思想，提出了全新的唯物主义的物质观。恩格斯说：“物、物质无非是各种事物的总和，而这个概念就是从这一总和中抽象出来的。”这就是说物质这个名词是一种简称，“我们就用这种简称把感官可感知的许多不同的事物依照其共同的属性概括起来”。

“时间”去哪儿了？

从小时候开始，我便一直是一个学习成绩优秀的好学生，担任各种职务时也总尽自己所能把本职工作做到最好，因而常常受到老师的认可和表扬。

而到了高中，我便发现周围的同学愈发厉害了起来，学习节奏骤然加快了不少，自己只能在班级里面排到中上游的水准。虽然考过几次年级前十，拿过“学习楷模”的称号，但是深感自己的成绩确实不如往前那般稳定得好了，这不免令我有些失落和心意难平。

此外，现在作为副班长的我不光面临学业上的压力，也面临活动的挑战。我做事比较较真，负责活动时总会事无巨细地落实，花的时间通常很长。初中的时候对于这些时间的花费是不以为然的，然而进入了寸金难买寸光阴的高中，我就发觉时间似乎不是很够用。即使活动很成功，我也时不时在思考怎样才能更有效率地利用时间，使得自己能更轻松地将学业和活动劳逸结合。

晓哲老师有话说

时间去哪儿了？当年春晚上的这一首歌曲唱得多少人潸然泪下。在生活节奏越来越快的今天，现代人总是在不停地忙忙碌碌，忙学习、忙工作、忙家庭事务、忙人际交往……总之就是不停地忙、忙、忙。而每当某些节点，比如夜幕降临之时，比如岁末年终之际，我们就会一脸茫然似的反问自己道：一天这就过去了，一年就这么结束了？我好像什么也没做啊，时间都去哪儿了？

对啊，“时间”去哪儿了呢？要清楚回答这个问题，首先得解决一个问题：什么是时间？也许你会会心一笑“时间不就是一天之中的那 24 小时、1440 分钟、86400 秒嘛”。可是，时、分、秒，包括年、日、月等只是时间的计量单位，并不是时间，何况以时、分、秒作为时间的计量是直到公元 1300 多年才在欧洲普遍应用的。其实，正如著名经院哲学家奥古斯丁所言“时间究竟是什么？没有人问我，我倒是清楚，有人问我，我想说明，便茫然不解了”。时间究竟是什么，这是几千年来众多哲学家、自然科学家、心理学家都在孜孜不倦思考和探索的问题。而对于我们普通人来说，也需要跳出我们的“习以为常”，去思考时间，思考时间对我们人生的意义。

当我们说到时间，可能是和朋友在说明天几点约会去看电影；当我们说到时间，可能是在说坐飞机从 A 地到 D 地要多久；当我们说到时间，可能是在说某世界著名游泳运动员以几分几秒打破了 100 米自由泳的世界纪录。以上这些都是我们日常生活中所理解的时间。这里的时间本质上都是对物体运动的度量，而这一概念上的时间常常与另一个概念“空间”是分不开的。因为物体的运动总是在一定空间的范围内、在时间的维度上展开的，这正是马克思的“时间观”。在马克思看来，时间是运动着的物质的存在方式，空间中的物质及其运动变化，都是在时间中发生发展的。

从时间的这个意义上来说，时间对我们每个人既是公平的，也是不公平的。无论一个人的身份、地位、权力、金钱、美貌、才华等如何，都是一样的一天 24 小时，每个人都是公平的。但是，对于一个人有意义的时间是从他生的那一刻算起，直到他生命终结的那一刻。而人的生命有长有短，所以给予每个人的时间是不一样的。我们常说，时间就是生命，从这个角度来理解是再恰当不过。

因此，我们要有敏锐的时间感知能力，不能浑浑噩噩，虚度光阴。

那么，我们又要如何面对时间客观上的“不公平”？在另一个层面，时间也给予了你自主选择性去面对这一不公平。我们都有过这样的一些体验：同样是一个小时，在上一节自己并不感兴趣的课的时候，会觉得时间过得特别慢，总盼着快点下课。但是在考试的时候却又总觉得怎么那么快就要到时间交卷了；和恋人约会总是时光如梭，而和自己不喜欢的人在一起却是度日如年。这就是我们的时间“感”，也就是心理时间。在一些哲学家如康德、黑格尔、伯格森、海德格尔等人看来，时间是主观的，与人的意识、体验、行为分不开，时间具有一定的相对性与内在性。人生在“世”，也就是人生在“时”，时间在人的意识中绵延，时间的意义也就在人的选择和行为中凸显。

为你支招

现在让我们回到这位同学的困扰：时间不够用怎么办？但是，在这位同学那里，同样的时间曾经他处理起来游刃有余，只是到了高中却捉襟见肘。时间是客观的，同时也是主观的，从初中到高中，作为行为主体，身份发生了变化，我们对时间的感知也是在不断变化的。孩提时候，我们总会觉得时间怎么过得那么慢，好想好想快点长大，孩子眼里的“一天”是那么漫长。但是，随着年纪的逐渐增长，我们又会觉得“一天”的时间越来越短，真的是转瞬即逝。这当中一个很重要的原因就在于我们的欲望在不断增长，我们接触到的外在信息越来越多，一切都让我们应接不暇。

所以，若要找回“逝去”的时间，我们首先要做的是要简化自己，学会取舍。我们可以将自己觉得需要做的事一项一项列出来，写在纸上。这种对事物可视化的处理方式，会让我们更直观、更全面地审视与思考。然后想一想，你的长期与近期有哪些目标，按照这些目标对上述所列事务作出判断与筛选，无关事务可以删去，剩下的排出一个优先级顺序，照此去实行。

其次，要学会悦纳“不完美”。和这位同学一样，我们很多人都总想将事情做到完美无缺，可这必然会在一件事情上耗费太多时间与精力。要知道，这个世界并不存在“完美”，所以不要过于注重细节，而是“抓主要矛盾”。

再有，感叹时间不够，也是现代人的一个“通病”。当我们感叹时间不够用的时候，我们需要好好反思一下：我们真的有好好“用”时间吗？看起来一上午我工作学习了两个、三个小时，但是这当中你有没有每隔几分钟、十几分钟就拿起手机打开聊天窗口，或是下意识地刷刷朋友圈？真正被我们利用的时间又有多少呢？所以，先不要抱怨时间不够用，你可以花几天时间，仔细记录一下每天每个时间段你都做了些什么，然后做一个统计，这样你就可以大概知道你的“时间”都去哪儿了，你也就明白之后该真正“用”好你的时间，让时间在你这里“绵延”得更久。

哲学知识小贴士

关于“时间”的本质，哲学家们一直在探索，在这里提出几个关于时间的哲学问题，大家在思考之后对于“时间”或许会有一些新的认识。

（1）时间可以脱离其他事物而独立存在——牛顿式时间观，还是时间无法脱离其他事物而独立存在——爱因斯坦式时间观？

（2）时间有过去、现在、将来之分还是时间只存在于现在？

（3）我们如何“感知”到时间？

今天你转发“锦鲤杨超越”了吗？

期末考试临近，微信朋友圈、QQ 空间被“锦鲤杨超越”霸屏，同学们纷纷转发着杨超越的各种表情包，上面配字“转发这个杨超越，不努力也可以获得前三”“看到这个杨超越，2019 考试不挂人生开挂”“不转发杨超越，考试必挂”等等。转发表情包、拜拜杨超越、求求锦鲤，成为了同学们考前不可缺少的一项“迷信活动”。

杨超越，这个通过综艺《创造 101》节目走红网络的锦鲤成为越来越多学生的“信仰”和“依靠”，考试前，无论有没有复习、复习得好不好，总是要转发一下锦鲤杨超越才会心安。有人说，杨超越的成功，重新定义了中国女团，让更多人看到了成功的可能性和社会的多元化。

面对手机上满屏的锦鲤，不禁想问，同学们转发“锦鲤杨超越”，难道是真的相信成功不需要通过努力，只要动动手指，转发表情包吗？转发锦鲤保佑现象的频发，究竟是因为杨超越的意外成功还是大家心中对于不耕耘求收获的迷信想法的滋生？

晓哲老师有话说

晓哲老师的微信朋友圈里有中学生、大学生、家长、老师。到考试要来临的时候，就会发一些鼓励自己、鼓励孩子、鼓励学生的话到朋友圈。2018 年看到最多的是“锦鲤杨超越”。自古以来，锦鲤在中国是好运的象征，意味着“鲤鱼跃龙门”，暗示能够一步登天，福泽深厚。杨超越为什么叫锦鲤？我猜测因为她是幸运的化身吧！和同学们的聊天中知道杨超越是2018年《创造101》女团选拔赛中幸运儿，大家觉得她唱歌不拔尖、舞蹈又没基础，能获得第三名，不是努力的结果，而是靠幸运的“观众缘”。就感觉学渣突然考中年级第一名了。然后就有网友创出“转发这个杨超越，不用努力也可以获得第三”。本来是黑杨超越的帖子，讽刺她不努力，目的是打击她。但结果被朋友圈转发了，然后很多路人就跟风了。变成转发获好运了。

转发了“锦鲤杨超越”真的会灵验吗？同学们觉得这是迷信。当下是科技发达，很多迷信经过试验，都早已被攻破了，但怎么是还是有那么多人相信呢？现代汉语词典里“迷信是一种盲目的信仰崇拜”。从哲学上分析，迷信的形成往往是对必然性和偶然性的错误认识。当人们把一些偶然现象看成是必然发生的状况，就有可能形成迷信。转发“锦鲤杨超越”，网络真的查到了有人确实是取得了满意的结果。且不说这是不是事实，就算是事实，这个帖子的转发量很大，能得到满意的结果的人想必很少吧，至少晓哲老师的朋友圈里没有看到这样的结果，问问身边的学生，也没有得到这个答案。人在做事情的时候确实会有意想不到的偶然事件发生。必然性居于支配地位，决定着事物发展的方向，而偶然性居于从属地位，对发展的必然过程起促进或延缓作用，使发展的确定趋势带有一定的特点和偏差。① 比如高中生学习中的测验考试，应该都有这种体会，有些试卷会适合你，没有考到你的薄弱环节，你的成绩就比较好；当一份试卷有很多对应了你的盲点，往往成绩就不理想。通过

---

① 国家教材委员会：普通高中教科书　思想政治　必修4　哲学与文化［M］. 北京：人民教育出版社，2019：29。

一段时间的成绩分析，你会知道自己在哪个区间徘徊，看到自己成绩提高的变化，这就是必然性。通过努力获得成绩的提高是必然结果。必然性存在于偶然性之中，通过大量的偶然性表现出来，并为自己开辟道路；偶然性是必然性的表现形式和补充，偶然性背后隐藏着必然性并受其支配；在一定的条件下可以互相转化，互相过渡。① 想起那句“不经历风雨，怎能见彩虹？没有人能随随便便成功”的歌词，就表达了这个意思。

为你支招

在人生道路上要确立正确的思维方式，对事物的本质就会看得更清楚。我理解现代人迷信一种是寻找精神寄托，还有就是感染理论所致。这些人会相信，一旦与某个人或者某个物件接触后，就会获得那个东西或者人的“本质”。从本质上是对自己不够自信。所以中学生首先要建立自信。学习中一定会碰到困难，这时你会发现有些人很强大，有些人就会退缩。建议高中生给自己一个合理的定位，并努力地去做，关注过程，结果好与不好要坦然面对，用偶然性来鼓励自己，同时理性地反思学习的各个方面。

高中生要树立唯物主义思想，而迷信是唯心主义思想。唯物主义有很多特点，这里想提一点，唯物主义是积极的世界观和方法论，激励人们去认识世界、改造世界。每个人人生过程和结果，都由自己承担的。所以高中生必须脚踏实地对待生活和学习，相信努力才能获得理想的成果。

哲学知识小贴士

必然性和偶然性是揭示事物的发生、发展和灭亡不同趋势的一

---

① 上海中小学（幼儿园）课程改革委员会：高级中学课本：思想政治　高中二年级　第一学期（试用版）[M]. 上海教育出版社，2015：159。

对范畴。必然性指事物联系和发展过程中一定要发生的、确定不移的趋势；偶然性指事物联系和发展过程中不确定的趋向。

必然性和偶然性这对范畴对我们辩证思维的意义在于：既要重视事物发展的必然性，善于把握事物发展的总趋势；也应重视偶然性在事物发展中的作用，把握有利于事物发展的机遇。① 要避免片面强调某一个方面的机械论。既不能只承认必然性，否认偶然性；也不能只承认偶然性，否认必然性。前者表面上抬高了必然性，实际上是把必然性降低到偶然性，导致唯心主义宿命论；后者把一切看成是纯粹偶然，根本否认规律性，最终导致否定真理。②

---

① 上海中小学（幼儿园）课程改革委员会：高级中学课本：思想政治　高中二年级　第一学期（试用版）[M]. 上海教育出版社，2015 年：159。

② 上海中小学（幼儿园）课程改革委员会：高级中学课本：思想政治　高中二年级　第一学期（试用版）[M]. 上海教育出版社，2015 年：160。

进退失据

初次踏入高中的校园，初次体验高中的生活，我们满怀着期待和兴奋，渴望自己能焕然一新，渴望自己能攀得更高，享受山顶的风景。几乎没有人会对“优秀”说“不”，我们比曾经那个懵懵懂懂的自己，多了一份期许、多了一份要求。因此，我们加倍努力，在上课时，依然一字一句将老师口中的知识点抄记在笔记本上，周末被补习班排满，深夜被练习卷填充，每天忙着应对十门课的新知识，力求样样精通，面对那个挂着黑眼圈的自己，我们不留退路。我觉得，自己在这条路上奔跑时，脚步越来越沉重，可仍旧为看似咫尺的终点奋斗着。

我不曾放弃努力，甚至比曾经更加努力，可是，突然有一天，身边的一些事跳出了我的安全圈，同学的问题开始不在我所知的范围内，考试卷上的题目似曾相识，却无从下手，学习成绩的上下浮动……一切的一切，似乎在做离心运动，我开始害怕了，发现自己的渺小，我明明这么勤奋努力了，为什么结果却总是差强人意？甚至是一种愧疚，发觉土壤越丰富，耕耘的失败就越不可原谅，回首走过的小学、初中，自己不再向前，而是卡在了瓶颈中，无法前进，也没有退路。相信这些不仅仅是心态上的失衡，更与哲学相关，希望能得到老师的帮助和解答。

晓哲老师有话说

人人都希望自己的人生道路一帆风顺、直线前进，但正如苏轼所言“人生如逆旅”，难免会遇到一些困难，进入一个艰难、停滞不前的状态，这个时候也就是我们常说的“瓶颈期”。在学习、工作、生活等各方面都有着所谓的瓶颈，不是当事人主观上有多不努力，而是努力了也没什么用，产生满满的挫败感。为什么会碰到瓶颈？为什么突破瓶颈这么困难？这两个问题可能让很多人困惑过。

就如这位同学满怀期待和兴奋地迎接高中新的学习生活的到来，渴望自己能焕然一新，结果却卡在了学习的瓶颈之中。加倍努力为什么却换来这样的结果？众所周知，高中阶段与初中相比，学习上有着非常显著的变化，科目增加、知识量变大、难度加大、能力要求提升。这些势必要求同学们在学习方法上要作出相应的调整。我们的同学是否真的做好了客观环境与主观态度相契合的充足准备？在从教近二十年的工作经历中，晓哲老师发现很多遭遇学习瓶颈、成绩告急的高一同学都有着极其相似的地方，那就是他们进入高中后，仍然习惯性地沿用初中的学习方法，认为初中的成功经验可以在高中阶段继续复制，可惜事实是这些学习方法不那么灵验了。世界上万事万物的发展，既不是简单重复、循环往复，更不是倒退，而是前进的、上升的运动，是新事物取代旧事物的过程。因此，初高中衔接的成功，学习方法的更新换代是绕不过的坎儿。这一步如果没跨过去，就如同卡在瓶颈处，上下不得。

初中阶段，知识总量相对较少。因此，同样的教学量，初中老师可以用更充裕的上课时间进行反复讲解。通过课上和课后大量的练习，让学生达到对知识的反复理解，直到学生掌握。同时初中教学偏重知识的强化记忆，对学生的逻辑推理、分析综合的能力要求不高，因此学习方法比较单一，同学们习惯被老师牵着鼻子走，习惯完成老师明确布置的作业，习惯接受简单机械性操练。但进入高中以后，随着知识量的大幅度增加，首先高中老师没有那么多的时间可以反复讲解同一个知识点，授课速度明显加快。而且，高中老师上课更注重知识的内在逻辑、知识间的脉络联系，要求学生既要知其然，更要知其所以然。许多问题还会要求学生独立思考，而不是对授课老师思维方式的简单模仿。这就要求同学们在高中阶段要学会独立思考，举一反三，提升知识迁移和融会贯通的能力；避免那种重记忆轻理解、重刷题轻思考的学习方法。高中的学习跨越了知识和能力两个台阶，为了顺应这些变化，初高中学习方法的更新换代尤为重要，但这种转变的过程并非一蹴而就，一帆风顺，会碰到各种困难。首先，对于刚刚步入高中的同学而言，高中学习生活的一切还都在适应中，对高中学习特点的认识还有一个过程，适合高中学习的方法需要在学习实践中慢慢摸索，不断积累。在这一过程中，新的学习方法不可避免地会存在这样那样的缺陷，用不完善的学习方法学习难度不断加深的高中内容，自然无法看到立竿见影的成效。而且新方法和使用者之间还有一个磨合期，这个时期内很有可能出现成绩的暂时性停滞不前，甚至是倒退；其次，初中的学习方法历经学校、家长、学生、校外机构四年的共同打磨，“炉火纯青”。通过校外提前学、校内校外反复记、反复练，很多同学确实见到成效。因此，这套学习方法在家长和同学们中间很有市场，在没有找到更有效的学习方法前，谁敢轻易舍弃？新方法的探索或许要经历很多次失败，而这是家长和同学们无法欣然接受的过程。可想而知，在新方法的探索路上会遭到老方法多么顽强的抵抗。

新方法求之不得，老方法欲弃不舍，在初高中衔接中学习的瓶颈自然就显现出来，并难以突破了。

为你支招

事物的发展，是在前进中有曲折，在曲折中向前进。所以，在学习中同学们要有走曲折道路的思想准备，善于在曲折中前进。当遇到学习瓶颈时，适时地对自己作出一些调整，或许能帮助你顺利走出瓶颈期。

一是树立积极的心态。用勇气去直面瓶颈，做学习的强者，在不断的磨炼中增强战胜挫折的自信。

二是明确前进的方向。用理智去分析困难和失败的原因，做学习的主人，重新给自己定位，找到真正适合自己的前进之路。

三是坚持不懈地学习。用智慧去填补不足，扬长避短，做学习的智者，通过不断地自我提升，突破前进之路的重重障碍。

新陈代谢是宇宙间不可抗拒的普遍规律。长风破浪会有时，直挂云帆济沧海。新事物不管遇到怎样的挫折甚至失败，都是暂时的，我们要坚信它一定会战胜旧事物，取得最终的胜利！

哲学知识小贴士

发展的实质是新事物的产生和旧事物的灭亡。事物经过量变到质变而实现由低级到高级的发展，并不是直线上升的，而是螺旋式的上升运动或波浪式的前进运动。前进性是事物发展的总方向，曲折性是事物发展的具体道路。前进性和曲折性的统一，是一切新事物发展的基本途径。①

① 国家教材委员会：普通高中教科书　思想政治　必修4　哲学与文化［M］. 北京：人民教育出版社，2019：32。

题海战术能成功吗？

小姜同学最近很苦恼。为在高考中取得好成绩，进入心仪的大学，她听取了班上学霸小薛的建议——采用“题海战术”。小姜同学买了厚厚的教辅书，没日没夜地做着题目。在学校时，她只要一有空就会去老师办公室问问题，坚持时间之久还被老师笑称为“钉子户”。她本以为会在本次期中考试中取得好成绩，没想到结果还是不尽如人意。正当她暗自神伤时，学霸小薛前来关心她：“诶，你这次成绩怎么还是老样子呀？是不是没有采用我告诉你的秘诀‘题海战术’？”

“你还好意思说！我就是彻彻底底实行了你告诉我的方法，结果还是这个成绩，我还想问你为什么呢！”小姜同学没好气地瞥了学霸小薛一眼。

“这没道理啊！我发誓我就是凭这个方法一点点进步的。”小薛顿时也觉得奇怪，深思之后她说：“我想到一个问题。”

“什么问题？”小姜有点疑惑。

“哲学课上老师在讲质变和量变的辩证关系时提到当事物的量变必然会引起质变。按这个道理我做过的题积累起来应该能帮你提升点成绩的呀，为什么还是一无所获呢？”

“这我还真不知道诶！”小姜挠挠头，两人面面相觑，陷入沉思。

晓哲老师有话说

高中学生对量变、质变这两个词并不陌生，可能在初中，甚至小学时，老师和家长就会用这对关系来给学生阐释学习需要积累的重要性。这两个概念带有强烈的生活特征，这对学生学习哲学既打下了基础，又有一定的干扰。到高二学了哲学后，发现这两个概念是哲学概念。应该感觉“量变必然会发生质变”是给大家喝了“心灵鸡汤”，其实并不科学。小姜同学的问题有很多同学问过，是一个复杂的学习问题。

至少这些同学已经认同了没有量的积累肯定没有质变，但是，他们对有了量变一定就有质变产生怀疑。其实他们忽略了概念中的“一定程度”，也就是说只有当量变积累到一定程度，才会引起质变。哲学上的“度”具有重要意义，量变如果没有突破这一“度”，事物就保持原有的性质，也就是保持相对静止状态，这时质变是不会发生的。那么学习中每个人习得的度是个复杂的问题。曾经记得有一位初中的学习老师对学数学困难的学生进行课题研究，他发现这些学生至少要通过七次的训练和讲解，才能掌握某种具体的数学问题。这也证明“题海”是有必要的，关键是这个“题海”，出现几次，多少时间出现一次。这个问题老师一定要去研究，但是在班级授课制下，能够研究到每个学生想必困难很大。由于每个学生对某一门学科的敏感度不同、态度不同等等，因而老师研究出来也就是一个群体的中间值吧。所以当提到“题海”就要批评老师，老师着实有点不平。作为高中生就应该自己来承担这个任务，研究合适的度，让自己的学习实现质变。当然这只是学习中的一个条件。

从条件的多样性来分析，其中有主观条件：包括学习态度、学习能力、学习特点等；客观条件是老师的影响、家庭环境的情况、同学之间的影响等。我们也可以从内部条件和外部条件来分析，还能从主要条件和次要条件来分析。总之，人的认知活动是个复杂过程，受众多条件的影响，想要发生质变，必须要分析出哪个或哪些条件是对个人的学习有主要影响的。这样才能促成学习的飞跃。

为你支招

晓哲老师总是对高三同学说要理性地对待学习，不能盲目学习，一定要了解自己的学习状况，然后找出办法去突破。能提这样问题的同学，学习态度应该是好的，但方法上需要改进。第一步要对自己的学习进行检视，也就是大家常说的总结。该总结什么？美国心理学家韦纳对行为的结果归结为六个因素，即能力高低、努力程度、任务难度、运气好坏、身心状态、外界环境等。每次测验、练习、作业、考试等，之后要对自己的学习结果做总结；第二步要调整自己的学习活动，改进自己想学习策略。

举几个例子，如果是能力的问题，那就要增加练习的次数了，到底要练习多少次？可以自己记录，也可以借助于目前一些学习软件，比如英语的背单词的软件做得挺好的，比老师做得更科学，他是按照遗忘曲线来设计的，机器实现了人自身很难做到的对学习的监测。逻辑性比较强的学科，就要努力把知识结构化，这样既容易深入理解知识，又能够使自己在阐述知识的时候有逻辑性。有时是心理原因，那就需要你客观地看待自己，形成理智的自我意识，理想的自我和现实的自我总是有差距，因而必须要正确地认识自己，和自己妥协，确定适当的自我统一性。

这里只是举几个例子，学习是很复杂的，需要你研究自己，分析条件，找到影响学习结果的原因，获得学习上的质变。

哲学知识小贴士

马克思主义哲学的辩证唯物论原理描述了客观物质世界的多样性状态，唯物辩证法原理指出事物间的联系是多种多样的。联系的多样性源于条件的多样性。研究事物的联系就是研究事物存在和发展的具体条件。因为任何具体的联系无不依赖于一定的条件；随着条件的改变，事物之间以及事物内部诸要素之间的联系，其性质和方式也要发生变化；条件消失了，其间的联系也就不复存在。①

从方法论的意义上说，我们认识世界和改造世界的过程中，要重视把握事物生存与发展的条件，既要重视主观条件又要重视客观条件；既要把握内部条件又要注重外部条件；既要认识有利条件又要重视不利条件等。这些条件对事物的存在和发展起着不同的作用，有着不同的意义。一句话，一切都是有条件的，只有“有条件”这一点是无条件的。总之，把握事物的联系，要以时间、地点和条件为转移。

---

① 高级中学课本《思想政治　高中二年级　第一学期》(试用版)，上海教育出版社，2015 年 7 月版 57 页。

无法抉择的 G

虽不知为何，但一进入高中，G 便感受到不同于初中时那扑面而来的压力。或许是因为自以为有几分小聪明，他不是很适应身边那些习惯于全身心投入功课的学习狂人。毕竟在他的眼中，类似于"×××，我昨天可是又做 ×××× 到凌晨 × 点呢"诉苦兼具炫耀式的谈话就像是一场闹剧。但是，当初中时名列前茅的 G 在考试中失利，开始怀疑自身实力是否还足以承担自己日渐膨胀的自负时，他犹豫了。他不明白，难道自己真的会比这些满脑袋"炫耀式学习"的同学们更没有资格登上为强者准备的舞台吗？难道自己深谙多年的劳逸结合的"优秀"学习方法真的不足以让自己超越这些"笨鸟先飞"的同学吗？

现在的他正苦恼着，踌躇徘徊在选择的岔路，是相信自己，继续下去，但面临着再次失败的可能，还是全盘否定现状，转而向他人学习，但自己可能极为不适应。G 不知道该如何是好……期待着解答。

晓哲老师有话说

世界上是否存在放之四海而皆准的真理？历史的车轮倒回到 19 世纪和 20 世纪之交，物理学的三大发现——X 射线、电子和放射性，使物理学的研究由宏观领域进入微观领域。面对一系列微观领域的新的实验事实，如果当时牛顿这位伟大的科学家还在世的话，一定也会遭遇小 G 同学的困惑："为什么我潜心研究出来的力学理论在微观领域里就不适用了呢？""是继续相信自己还是全盘否定自己？”很可惜，牛顿不可能有直面这种困惑的机会，但1905年爱因斯坦《狭义相对论》的问世，现代物理学的发展，让我们看到了后人对这个困惑的回答。对于宏观物体的运动，牛顿经典力学并没有失去存在的价值，依然适用。但相对论、现代物理学更接近大自然的真相，把人们对客观世界的认识又大大推进了一步。

小G同学，开篇和你聊这个例子，是想告诉你，不论在某个领域曾经有多“牛”，谁都不可能一劳永逸地掌握亘古不变的真理。因为真理是发展的。

从我们已有的知识、经验可以得知：世界上的万事万物都不是静止不变的，无论是自然界还是人类社会都处在永恒的运动中。从初中步入高中，本身就是一个人学习生涯的一个质的跨越。学习的内容、学习的方式、学习的环境都会发生变化，就连小G同学你也长大了。所以让你深谙多年的劳逸结合的“优秀”学习方法是不是也应该随着人、事、物的变化而做出相应的调整；进入高中阶段，学习上连连受挫的你，有没有认真思考过之前的学习方法是否还适合高中阶段的学习呢？任何一种学习方法的正确性即使是已经被我们的学习实践所证实，我们也不能把这种学习方法看成是完美无缺的方法，它仍需要随着学习实践的发展而发展。而且任何真理也都有其存在的范围和条件，脱离了这一范围和条件，真理就有可能变成谬误。所以，当初中阶段行之有效的学习方法离开初中的学习范围和条件，它就有可能不再那么灵验，甚至还有可能变成错误的学习方法。如果不懂得这一点，墨守成规，把初中的学习方法一成不变地套用到高中学习中，那可能就要经历惨痛的教训了。不过，小G同学你也千万不要灰心丧气，全盘否定自己，之前的学习方法能让你在初中获得佳绩，必定有它正确的地方。比如，劳逸结合就是一种非常棒的学习方法，一根弦始终紧绷着，是要断的；

只有像弹簧那样，有张有弛，才会产生无尽的动力（弹性），这种学习的诀窍就是值得我们推广的一种有效的学习方法。只要你坚持从高中阶段的学习实际出发，实事求是，遵循学习规律去观察和分析高中阶段的学习特征，相信你一定能从已有的学习方法中找到通往高中学习的正确路径。

为你支招

真理是在同谬误的斗争中发展的，这是真理发展的一般规律。真理和谬误是贯穿人类认识过程始终的一对矛盾。这对矛盾不断产生又不断解决的过程，推动着认识不断发展。[①] 因此，建议小 G 同学要直面谬误，敢于正视自己在高中阶段学习方法中的不当之处。客观分析之前的学习方法中哪些是不适用高中学习的，最好能尝试着不带任何偏见地去了解那些成绩优秀的同学的学习方法，取长补短，纠正自己认识上的错误，进而达到对高中学习方法的正确认识。而且把它们放到学习实践中去接受检验。唯有实践才能把我们的主观认识（学习方法）和客观实际（高中阶段学习）联系起来加以对照、比较。通过运用这些学习方法，如果学习效果有所提升，那么就说明这些学习方法是适合小 G 同学，适用于高中阶段学习的正确方法；如果学习效果没有提升或是改观，甚至有所下滑，那么就说明这些学习方法是有问题的，我们要及时搞清楚问题的症结在哪里，加以纠正。实践是检验真理的唯一标准，而且实践检验认识的真理性有一个过程。所以，对于已被学习实践证明正确的学习方法，也不能抱着一劳永逸的态度，而应让它继续在今后的学习实践中随着学习内容和实践的发展而发展，并不断接受今后学习实践的进一步验证。

---

① 国家教材委员会：普通高中教科书　思想政治　必修 4　哲学与文化［M］. 北京：人民教育出版社，2019：55。

哲学知识小贴士

真理是人们对于客观事物及其规律的正确反映。真理发展的过程就是同谬误作斗争并不断取得胜利的过程。不管斗争多么尖锐复杂，道路如何迂回曲折，真理最终总会战胜谬误。真理的力量在于它的正确性。只要是真理，总是能够经受住实践检验的，而一切谬误则终究要被实践所否定。①

---

① 国家教材委员会：普通高中教科书　思想政治　必修4　哲学与文化［M］.北京：人民教育出版社，2019：55。

信心在哪里

几乎所有人都知道，数学自幼儿园到大学都是一门极为重要并且对于大多数人来说是最难的一门学科。而这似乎在我身上体现得尤为突出。我似乎从小到大对数学都没有什么信心与兴趣。而这对我高中的数学学习有着很大的阻碍。因此我一直有一个疑问，那就是：我的信心在哪里。

细细一想，我对数学的不自信没准与我小时候痛苦的数学学习有关。在上幼儿园大班时，我的爷爷不顾我连二十六个字母都没记全，二十以内加减法都算得稀里糊涂，硬是教我二元一次方程与三元一次方程解法。愁眉苦脸坐一个下午解方程的情景真是让我不堪回首。虽然当年爷爷的做法在奶奶与妈妈的联合绞杀下最终作罢，但我承认这在我心中留下了不小的阴影，以至于我到了八年级见到三元一次方程手还直打哆嗦。也许这就是我数学没有信心的原因。我该如何找到学习数学的信心呢？

晓哲老师有话说：

“宋人有悯其苗之不长而揠之者，芒芒然归，谓其人曰：‘今日病矣！予助苗长矣！’其子趋而往视之，苗则槁矣。天下之不助苗长者寡矣。以为无益而舍之者，不耘苗者也；助之长者，揠苗者也，非徒无益，而又害之。”（《孟子・公孙丑上》）这个“揠苗助长”的故事相信很多同学在小时候就听到过吧。禾苗生长有其自然规律，人类的成长又何尝不是呢？

在著名儿童行为研究学者、耶鲁大学格塞尔儿童发展研究所的创始人阿诺德·格塞尔博士看来："心智和身体是不可割裂的，孩子的头脑发育和身体发育是密不可分的。"大量医学研究向我们揭示了生长和发育是儿童不同于成人的重要特点，贯穿整个儿童时期，通常遵循由上到下、由近到远、由粗到细、由低级到高级、由简单到复杂的顺序或规律。因此，儿童的认知发展规律是遵循这样的过程：动作感知——前运算——具体运算——形式运算，这个过程前后顺序是不变的。这位同学的爷爷在他上幼儿园大班，也就是六岁左右的时候教他二元一次方程与三元一次方程解法。参照沪版数学教材，这可是六年级第二学期的内容！让一个六岁的幼儿学十三岁少年时才学的内容，爷爷像不像古之宋人："予助苗长矣！"但爷爷的这番苦心办成好事了吗？很可惜，孙子的数学如同那被拔高的可怜禾苗，"槁矣"，不但没有突飞猛进，反而造成他日后对数学学习的畏惧，没有了信心。古人谓之"杂施而不孙，则坏乱而不修"，不遵循人的认知规律的拔苗助长，不但没有效果，而且必然把学习的兴趣破坏殆尽。

儿童时期每一个年龄段的生长发育都有其阶段性的特点，不同年龄阶段的生长速度不同。一个长到六岁左右的正常幼儿，他的认知大概发展到什么程度，呈现哪些特点呢？这个年龄段的幼儿正处于直觉思维阶段，即此时已开始从前概念思维向运算思维阶段过渡。开始有抽象逻辑思维的萌芽，即出现依靠概念、判断和推理等形式的思维。但他们的抽象逻辑思维还带有明显的不自觉性，仍以具体形象思维为主。在数学方面，他们可以从 1 数到 100，能够正确地说出 10 以内的加法和 5 以内的减法。不过，他们掌握的数的概念大部分还是具体的，与直接可以感知的对象相联系，需要通过直观形象来理解抽象的超经验的概念，在学习数学时需要借助实物。同学们你们在这么大时，是不是都有过用水果、糖果做加减法的经历？或许手指头也是你们当时经常使用的辅助教具吧？违背六岁幼儿的正常认知水平，让这个年龄段的幼儿学习含有两个或三个未知数的方程式，还要让他理解并运用字母和数字之间内在的等量关系去求解，这是对儿童认知发展规律的无视！老师、家长在教孩子知识时，并不是想教什么，就可以教什么，正确的教育应当遵循儿童的认知发展规律，循序渐进。如果成人无视规律的客观性，在孩子还不具备足够认知能力的情况下，任意发挥主观能动性，那么必然会遭到规律的无情惩罚，以失败收场。就像这位爷爷提前给幼儿园的孙子教初中预备年级（六年级）的数学内容，结果却成了孙子之后学习数学的阴影。唉，“助之长者，揠苗者也，非徒无益，而又害之”。但愿在孩子的成长道路上，我们的家长都不要成为那个揠苗助长的宋人。

为你支招

这位同学，你已经长大，因为之前在幼儿园时期，过度超前学数学留下的阴影，导致进入高中的你学习数学仍然存在着很大的阻碍。如何从这障碍中突破重围，找到学习数学的信心呢？从根本上说，建议你争取做到尊重客观规律和发挥主观能动性相结合，在尊重客观规律的基础上，充分发挥主观能动性。

首先，要尊重客观规律。任何一门科学都以探索、研究某种规律或规律群为己任，数学也不例外。因此，在学习数学的过程中，你要善于遵循知识与知识之间内在的联系，把数学知识按照自己的理解深度、广度，结合着自己的感觉、知觉、记忆、思维、联想等认知特点，组合成具有内部规律的整体结构。并尊重它，按照规律办事，你的数学认知结构会逐渐变得更加精确和完善，数学学习也就会自然变得游刃有余。

其次，要充分发挥主观能动性。规律是客观事物的本质联系，它隐藏在现象的背后。数学内部规律不会主动呈现在你的面前，你只有发挥主观能动性，运用理性思维，才能透过现象揭示其本质和规律。你所碰到的数学题目也不会自动满足你的需要，你只有发挥主观能动性，努力地改变或创造条件，构建起知识与知识之间内在的、本质的联系，才能使数学定理、法则等内部规律为你所用。同时，那些萦绕在你心头多年对数学的畏惧和不自信，以及现在或者将来在数学学习中可能会遇到的种种困难、挫折甚至失败，都需要你发挥主观能动性，用重树的信心驱散儿时留下的阴影，克服并战胜它们！

哲学知识小贴士

尊重客观规律和发挥主观能动性是辩证统一的。①

尊重客观规律是正确发挥主观能动性的前提条件。发挥主观能动性并不是主观上想干什么就干什么，它要以对规律的正确认识为基础。只有符合客观规律的正确认识，才能有效发挥能动作用，正确指导人们的实践，实现改造世界的预期目标；违背客观规律的错误意识，会导致实践的失败，会对事物的发展产生阻碍作用。

发挥主观能动性又是认识和利用规律的必要条件。规律是客观事物的本质联系，它在现象背后，在事物内部。人能够能动地认识世界，把我深藏于事物内部的本质和规律。人能够能动地改造世界，通过实践把观念的东西变成现实的东西，创造出符合人的目的的客观事物。

---

① 国家教材委员会：普通高中教科书　思想政治　必修4　哲学与文化［M］. 北京：人民教育出版社，2019：23—24。

学习上的“西瓜”“芝麻”我该怎么抓？

进入高中，许多的同学都感受到了骤然而生的压力与迷茫感。需要进行测试的科目从五六门倍增到了十几门，学习的难度也一下子上升了一个台阶，面对纷至沓来的各门学科作业与测试，我不敢有一丝一毫的松懈，生怕哪门学科被我疏忽了。但一个学期下来，我的各科学习成绩平平，让我纳闷的是明明按照学科数，我平均分配了自己的学习时间，可为什么门门兼顾，却没有换来门门优秀？好朋友说我这种西瓜芝麻都想要的学习方法性价比太低，应该像他那样精准定位高考 3+3 科目，以后高考不考的科目没必要花时间，花力气去学，牢牢抱住所有学科中的“西瓜”才是王道，至于那些“芝麻”就随便它们去了。

看看好朋友的学习成绩，那些被他牢牢抱住的学科“西瓜”成绩确实不错。可是被他当成“芝麻”的学科成绩比我要差远了，甚至有些成绩惨不忍睹。

究竟是我的学习策略对，还是他的呢？我困惑了……

晓哲老师有话说

看完这位同学的困惑，恕晓哲老师直言，你和你好朋友的学习策略都不是学习上值得推荐的良策。

高中阶段，学科数量陡增，语文、数学、外语、信息科技、体育与健身、劳动技术和艺术 7 门科目只设合格性考试，思想政治、历史、地理、物理、化学、生命科学 6 门科目分设合格性考试和等级性考试。在上海高考改革3+3模式下，每一位同学在语数外3门必考科目之外，可以从思想政治、历史、地理、物理、化学、生命科学6门科目中选考3门，共同计入秋季高考总成绩。从中我们可以看到，这13门科目在高考中的地位和作用其实是不平衡的。必考的语数外3门加上自主选择的3门科目处于支配的地位，可以说对同学们高考升学起着决定的作用，是学习中的主要矛盾。其他科目则相对处于从属地位，不起决定作用，是次要矛盾。

为什么门门兼顾，却没有换来门门优秀？其实，一个人的学习时间和精力在一定条件下总是有限的。俗话说，“牵牛要牵牛鼻子”“好钢要用在刀刃上”，都是在告诫我们在观察和处理复杂问题的时候，首先要抓住它的主要矛盾。学习中如果不分主次，抓不住科目的重点和关键，13门科目平均使力，那么很可能会让自己在学习面前如坠烟海，手忙脚乱，弄不好结果是疲于奔命，抓了芝麻，丢了西瓜，抑或是西瓜、芝麻都没抓好，犯了形而上学均衡论的错误。

你的好朋友跟你恰恰相反，牢牢抓住3+3高考科目的“重点”，不及其余。现在像他这样学习的同学在高中阶段很普遍。他们一般进入高中后不久，便会确定好6选3的科目，被弃选的科目就如同不起眼的芝麻被他们直接忽略，“随便学学”或者“根本不学”，其中不乏有些同学还会在这些科目的课堂上，做着他们认为非常重要的学科作业，对这些“非重点”科目考试成绩的好与坏抱着无所谓的态度。他们会振振有词地告诉你“高考我又不选”“我只要合格就行了”。这种把3+3高考科目的地位和作用绝对化，把重点变成一点，“单打一”的学习策略也是不可取的。因为主要矛盾和次要矛盾是相互联系、相互影响和相互作用的。高中阶段各学科的学习专业化要求并不高，各学科的知识并不完全割裂。譬如，晓哲老师擅长的哲学，它把整个世界作为研究对象，它同具体科学有着密切的联系，具体科学是它的基础。所以在学习哲学原理时，如果能有物化生、史地等学科的知识储备，那么对理解较为晦涩难懂的哲学概念是有一定帮助的。同样的，即使 +3 时不选思想政治这门科目，但这门科目中所学到的辩证思维方法也能帮助同学们在分析解决其他学科问题时思考得更全面。而且主要矛盾和次要矛盾并不是一成不变的，在一定条件下可以相互转化。就像你好朋友的学习状况，虽然 3+3 高考科目的学习成绩不错，但那些非高考科目成绩却差强人意，甚至有的你用“惨不忍睹”来形容。可想而知，对他而言这些“非重点”科目的合格性考试能否通过也是存在一定风险的。根据 2018 年 10 月正式施行的《上海市普通高中学业水平考试实施办法》规定，合格性考试各科目成绩合格，是普通高中学生毕业的必要条件，而且高中学业水平考试成绩是高考报名与高校招生录取的依据之一。应届高三学生通过物理、化学、生命科学、地理、历史、思想政治、信息科技 7 门科目合格性考试，才能按要求报名参加普通高等学校春季招生考试；考生通过物理、化学、生命科学、地理、历史、思想政治 6 门科目中至少 3 门科目的合格性考试，才能按要求报名参加普通高等学校招生秋季统一考试。你看，“非重点”学科的学习是不是也不能如此“潇洒”地忽视？西瓜固然要抱紧，但芝麻也不能轻易地扔掉啊……

为你支招

离开重点谈两点的均衡论或离开两点谈重点的一点论，都是不可取的。我们应该把两点论和重点论统一起来。两点是有重点的两点，重点是两点中的重点。① 在高中阶段的学习中，建议同学们：

---

① 国家教材委员会：普通高中教科书　思想政治　必修 4　哲学与文化［M］. 北京：人民教育出版社，2019：42。

第一，要坚持两点论，西瓜、芝麻两手抓。高中学习虽然科目众多，但还不至于无法顾及所有学科的学习。培根曾说：“合理安排时间，就等于节约时间。”相信只要同学们合理安排，还是能做到统筹兼顾的。比如，把专属的课堂时间留给专属的科目，专时专用更能事半功倍。认真并独立完成所有科目的作业，认真听老师讲评并及时订正，夯实所有学科的基础更能为日后 +3 科目创造更大的选择空间。第二，要坚持重点论，分清西瓜和芝麻。当下高考 3+3 模式给予了同学们科目选择权和考试选择权，在“6 选 3”模式下，组合方式多达 20 种。选择科目组合非常重要，它决定了考试的科目，也决定了高考的部分成绩。选科与高考填报大学、专业有着紧密的联系。因此，同学们应该结合自己的兴趣爱好和学科优势，有的放矢地专心打造学科中的“核心竞争力”！

哲学知识小贴士

把主要矛盾和次要矛盾、矛盾的主要方面和次要方面的辩证关系运用到实际工作中，就是要坚持“两点论”和“重点论”的统一。“两点论”是指在分析事物的矛盾时，不仅要看到矛盾双方的对立，而且要看到矛盾双方的统一；不仅要看到矛盾体系中存在着主要矛盾、矛盾的主要方面，而且要看到次要矛盾、矛盾的次要方面。“重点论”是指要着重把握主要矛盾、矛盾的主要方面，并以此作为解决问题的出发点。“两点论”和“重点论”的统一要求我们，看问题既要全面地看，又要看主流、大势和发展趋势。①

---

① 本书编写组．马克思主义基本原理概论［M］．北京：高等教育出版社，2018：39。

知识与眼界

众所周知，高中的学业负担根本无法轻描淡写地一笔带过，反而如同大山一般沉甸甸地压在每个人的肩上。可哪怕这样，我们的班主任也总是不断要求我们在假期或周末外出参观各类展览或其他意义不明的活动，还美其名曰“参加社会实践，开拓眼界”。

众所周知，在学习压力如此之大的情况下，我们的闲暇时间本来就少之又少。好不容易有了一小段没有补课，不用上学的时间，我们却无法用来巩固所学知识，或是调养生息准备接下去的学习，反而要外出参观展览，做这种没有意义的事来浪费时间？

众所周知，即使班主任剥夺了我们的自由时间要我们开拓眼界，同时却仍要求我们“把学习放在第一位”。这样自相矛盾的要求实在让人无法苟同。

众所周知，或许参加这些活动真的能开拓眼界，对未来有帮助吧，可远水止不了近渴。倘若现在连足够的学习时间都没不给我，那又哪来的未来？

综上所述，我就是不想参加这些活动，因为我想收获实实在在的知识而不是所谓的眼界，想把“珍惜每一分每一秒学习”落实到实践，想为了中华民族的伟大复兴梦想而不懈学习，想借自己的知识为社会主义建设添砖加瓦！

晓哲老师有话说

中学生对社会实践活动，还是没有理解人的成长的价值所在。

在这个同学眼里社会实践就是个鸡肋，毫无存在的价值，真的是这样吗？在写这本书的过程中，晓哲老师就发现高中生的一些困惑，都和缺乏社会实践或者不重视社会实践所造成。比如有些同学交际胆怯、常识缺乏、眼界狭窄。曾听到化学老师在办公室抱怨：“学生都不知道在盐里多加水，可以降低盐的浓度。”在老师看来是常识，教材里没有，老师也不会刻意去讲。但是如果同学在生活中去实践一下，想想这都不成问题。晓哲老师是政治老师，在高二会讲到联合国的相关知识，每到这个内容基本上都是由班级里参加模拟联合国活动的同学来完成的，他们讲得比我更精彩，原因是什么呢？他们经历了，而我没有。对其他同学可能是比较难的知识，但对他们来说信手拈来。再说说高中生的作文，很多同学背诵素材，文章显得干巴巴的，无法做到老师所说的有血有肉，除了语文功底不够扎实外，经历就显得尤为重要。前两届有个女生，她除了参加学习的实践活动，还参加了社会中的志愿者活动，每个周末都非常忙碌。而且她把经历中的收获或者故事记录下来。她把这些记录成为作文素材，表达在作文中，更打动大家。最终以优异的语文成绩进入高校的中文系学习。我想这些都是参与社会实践的价值吧！如果同学能摆正心态，用心感受社会实践活动的价值，相信他会特别感谢班主任，有这样视野的老师是多么难能可贵啊！希望通过实践活动，成就一个更好的你。

古人说“知道，察；知道，行：体道者也”。① 意思是懂得了道，就要明察；懂得了道，就要实行：这就是实践道的人。荀子告诉我们“知”的目的在于“行”，“行”促进进一步的“知”，“行”高于“知”的思想，与马克思主义哲学认识论中实践决定认识的道

---

① 《荀子·解蔽》。

理有相同之处。中学生以学习书本知识为主，这一定没错，从人的精力上来说，不可能学什么都亲身实践。前人留下的，通过一代又一代人实践证明的知识，是值得我们学习的。高中生会上很多实验课，那不就在用实践来验证知识吗？那么社会科学知识呢？只能到社会上去验证了。有个非常优秀的班主任想让学生学习女排精神，组织学生去漳州女排训练基地参观，体验排球运动，听教练介绍训练中的故事，与运动员们交流，让同学真实地了解中国女排，这才会使学生从心底里学习女排精神。这样的活动要比教室里的一节班会课更生动而有效。

为你支招

高中生对社会实践的意义，学校和班主任老师会介绍很多。晓哲老师想给同学提两个建议。其一，要以积极的心态对待实践活动。荀子说“多问曰博，少闻曰浅。多见曰闲，少见曰陋”。① 听到的东西多叫作渊博，听到的东西少叫浅薄。见到的东西多叫作开阔，见到的东西少叫作鄙陋。故事中的同学对前两句一定是认同的，希望能通过实践活动做一个眼界开阔的人。常有人说：“人生的高度，取决你的眼界与格局。”一个人眼界的高低取决于他的学识和阅历。文中的高中生对自己的知识增长很有要求，如果能够更积极主动地去参加实践，增加自己的阅历，相信会成就一个更完善的自己。

其二，做有心人，记录实践中的点点滴滴。在每次进行的实践活动后，记录一下自己的获得，甚至只是认识了一个奇怪的人，也可以记录下来。如果我们一直不去思考，身在曹营心在汉的状况参加活动，那你必然觉得活动没有意义。学习一下学姐，记录下来，

---

① 出自《荀子·修身》。

一段时间后，自己看看，大概就可以改变实践对你的意义。

哲学知识小贴士

实践是认识的基础。

实践是认识的来源。在实践活动中，人们借助一定的手段同客观物质对象发生关系，从而获得对客观事物的认识。

实践是检验认识的真理性的唯一标准。只有把主观和客观联系起来加以比较和对照的东西，才能检验主观认识与客观事物是否相符合。唯一能够满足这要求的，就是处在主观和客观交汇点上的实践。通过实践，人们可以把自己头脑中的观念的存在变为现实的存在。在这一过程中，人们把指导自己实践的认识和实践所产生的结果加以对照，从而检验认识是否正确地反映了客观事物。

实践是认识的目的。认识从实践中来，最终还要回到实践中去。认识本身不是目的，改造世界才是认识的目的和归宿。如果有了正确的认识，却脱离实践，不为实践服务，那么这种认识就失去了它的实际意义。

实践是认识发展的动力。认识产生于实践的需要，人们在实践中不断遇到的新问题、产生的新要求，推动着人们去进行新的探索和研究。实践的发展为人们提供日益完备的认识工具，这些工具延伸了人类的认识器官，促进人类认识的发展。实践锻炼和提高了人的认识能力。①

① 国家教材委员会：普通高中教科书　思想政治　必修4　哲学与文化［M］. 北京：人民教育出版社，2019：50—53。

做好你自己

我在班里的学习成绩并不出挑，而身边却有很多优秀的同学。和同学一起上课的时候，我明明觉得我的学习新知识程度和同学们差不多，但是在做作业解题时经常会产生问题，对于刚学会的新知识也会很快就忘记，而考试成绩也没有别人优秀。

有一次，老师告诉我们第二天要考试，我回家做完作业后复习了一个晚上，第二天考试的时候依然焦头烂额，面对新知识，不懂的内容依然很多。反观我的同学们，一个个做题十分轻松。当我还在试卷的正面挣扎在脑中搜寻正确答案时，身边有许多翻卷子的哗啦声，这也使我更加焦虑。考试结束以后，比起同学们胸有成竹的样子，我紧张又担心。明明大家都学的是一样的内容，而且我自认为还比较努力，而同学们的成绩比我好很多，而且看起来比我还轻松。总觉得自己的进步微弱而且容易被忽视。每个人的学习中都会有这样的焦虑吗？

晓哲老师有话说

在这位同学的困扰中出现了一个几乎已成为现代人的一种普遍情绪的词——焦虑。健康焦虑、工作焦虑、年龄焦虑、中产焦虑、毕业焦虑、知识焦虑、恋爱焦虑……冯同学的焦虑则是在很多同学中都会出现的一种分数焦虑。总之，焦虑就像一种恶性病毒在我们之中蔓延，或轻或重，但是谁也逃不离，谁也躲不过。

我们的焦虑从何而来？从这位同学的表述中，就可以找到一个焦虑的重要来源。“我明明觉得我的学习新知识程度和同学们差不多……而考试成绩也没有别人优秀”“比起同学们胸有成竹的样子，我紧张又担心”“同学们的成绩比我好很多而且看起来比我还轻松”。看到吗？比、比、比，这位同学反复提及的这个词正揭示了引起我们深深焦虑的往往是外在的各种比较。学生比较分数，职员比较业绩，父母比较孩子，老同学比较毕业之后谁“混”得更好，朋友之间还会暗自较劲谁买了更大的房子、谁换了更好的车……正是在这些反反复复的比较中，我们对自己、对现状愈加不满，对未来愈加迷茫，我们也就越来越焦虑。

那么，为什么比较会引发焦虑呢？深层次的一个原因其实在于对自我的认知不彻底、对自己的不自信。中国人低调内敛的文化内核，造成了我们总是吝于给出溢美之词。从小父母就总会和我们说别人家的孩子有多优秀，即使你取得了进步，比如这次考试你比上次提高了20分，父母会说那个谁一直是班级前三名，你要向他学习。而当你下一次考进了班级前三，父母又会和你说，那个谁不仅学习好，小提琴也拉得非常棒。长此以往，我们就会将眼光总是放在别人比自己优秀的地方，而忽视或轻视了自己的闪光之处。殊不知，你的这些长处在别人的眼中也是那么的耀眼。

没有人是天生的一无是处，问题在于我们常常会被他人的价值观所左右。优秀的学生首先得成绩好，可能在你还没正式成为一名学生的时候就有人不断地这么告诉你，所以你拼命努力学习，提高成绩。而你为了迎合从小被灌输的价值观，从来都不会正视自己，真正去了解自己。如果只是勉强自己，想要进入一个自己并不擅长的别人的世界，往往求之而不得，越努力越痛苦。正如尼采所说，我们每个人都有“自我”，但我们绝大多数人都只是在为“他们周围人们的头脑中形成并传达给他们的自我的幻象”活着。当幻象破碎，焦虑感自然袭来。

为你支招

其实，焦虑作为一种人类的共有情绪，其实质是人类在进化的过程中形成的一种自我保护机制，在面对不确定或不能控制的事件或情境时，适度的焦虑能激发我们的潜能，以激励我们迎接挑战、取得进步。但是，在现今的社会中，焦虑却由于各种原因被不断放大，如影随形。这时候我们就有必要停下来，想一想如何摆脱不必要的过度焦虑。

首先，做好你自己。诚然，犹如“认识你自己”这一数千年前就铭刻于古希腊德尔斐神庙墙壁上的箴言一样，“每个人都是离自己最远的人”，做好自己，知易行难。外在环境时刻在纷扰我们，对自己的反观与认知需要排除各种干扰，这需要努力，需要勇气。然而，你的生命的意义除了你自己，谁都无权也都无法帮你赋予。所以，时常尝试关闭你与外界交流的感官，与内在的“自我”多多交流：在什么时候我是真正快乐的？我的能力在哪里？我有哪些优势与劣势？我究竟想过什么样的生活？我想拥有怎样的人生？等等。这些问题的答案通常不会一蹴而就，需要你从生活经验中不断汲取养分，勤于反省。这样你才能与真正的“自我”越来越接近。你也就越来越发现自己的独一无二，进而改变看待自己的视角，不要总是从问题视角而是优势视角看自己，从而建立更多的自信。

而在认识自己、做好自己的过程中，必须具备一个很重要的能力，那就是独立思考。只有具备这一能力，你才可能打开视野，反思社会灌输给我们的观点都是合理的吗？别人对我的评价都是正确的吗？我的选择是否真的出于“我”的意愿而不是受到谁的影响？……而如何具备并提高这一能力？学习。毫无疑问，只有建立在持续不断学习的基础上的思考才不会有如无根之木苍白且无力。

作为学生，现在正是你们学习积累的大好时光，但同时你们也要认识到，你的学习不是为了试卷上的分数，不是为了博得老师或家长的青睐或赞许，你是为了自己，为了自己将来能更好为自己的人生负责。学习，最重要的是获得智慧，而不只是知识。所以，对于有学习焦虑的同学们来说，即使你的分数不尽如人意，但是只要当你反省之时，你可以很确定地说，我不仅在学习的过程中学到了知识，更重要的是，我努力了，我做出了自己的独立思考和判断。这样你就不会总为分数不如人而困扰，你的内心是充盈的，你也就能够摆脱那些无谓的焦虑。

哲学知识小贴士

对于“自我”的意义，哲学史上有众多哲学家给出了自己的回答。“成为你自己”便是那个众所周知喊出“上帝已死”的德国哲学家尼采。在尼采看来，每个人都有“自我”，但由于社会舆论的干扰、人们自身的懒惰和怯懦等原因，所以我们难以认识“自我”，更难以成为“自我”。因此，作为个人主义的尼采一再呼吁“成为你自己”，要忠实于自己，对自己的人生负责，不要盲从和迷信别人，要相信自己。

第 2 讲　如何与人相处

“友谊”的小船说翻就翻

在步入高中以后，每个人都会碰到不少学习上或者人际上的问题。

我在初中时，虽然朋友不少，但只有一个最好的朋友。遇上任何需要自由组合的事情，我们俩都会自动凑在一起，也不用提前进行交流，都觉得这是理所当然的事。我和她最要好，她也和我最要好。但是到了高中，我结交了两个好朋友，然后我们迅速成为了三人小组。大家关系都很要好，这就导致老师让我们两两合作时，不知道怎么选择。不希望自己被其他两个抛下，但也有些担心如果抛下别人，别人心里会不开心。

记得有一次去实验室做实验，我和两个好朋友晚到了一会儿，位子都被大家占了个七七八八，只有一个实验台是空的。这个实验台可以坐两个人，但剩下一个同学不得不去和他人拼桌。最后还是我的一位好朋友自己提出来坐到别的桌去了，但我总觉得她下课后有点闷闷不乐，这让我有点心存愧疚。

由此可见，如何平衡好同学之间的人际关系，确实是一门值得研究的学问，究竟怎样才能做到既利于己、又不伤人呢？

晓哲老师有话说

在这位同学这么大的年纪，正是人的一生当中对“友谊”最渴望的时候。有人曾经做过统计，在学校的时光中，从数量上来看，我们会结交一生中最多的朋友。谁的青春不曾与小伙伴们嬉笑怒骂？谁的青春不曾与姐妹淘共诉衷肠？谁的青春不曾与他、她和他们畅想未来？

我们如此渴望友谊、看重朋友，很重要的原因在于青春年少的我们害怕孤单、惧怕孤独，希望身边总有朋友的陪伴；青春年少的我们思想还不够成熟，内心还没有那么强大，需要有朋友可以在有心事的时候倾诉、商量，抑或只是简单的吐槽；青春年少的我们风华正茂、意气风发，在呼朋唤友中可以获得更多的认同感。

总之，“友谊”带来欢笑，伴我成长，同时却也徒增烦恼。我们或多或少都曾为“友谊”惆怅与困惑。尤其是对女生来说，因为女孩子独特的敏感与细腻，这种“友谊”的烦恼似乎更加明显，这位同学正是如此。

从这位同学的叙述中可以看出，和朋友在一起时，她很在意朋友的感受，可见她是一个很重感情的人。然而，也正是这种“在意”，往往也是朋友之间出现嫌隙的一个重要原因。因为在意，所以会关注一些本不必理会的细枝末节，使劲琢磨，越琢磨越堵心。又由于女孩子的内敛、腼腆，不愿将心里的想法开诚布公和朋友谈，最终导致嫌隙产生。就像这位同学觉得她的朋友下课后有些闷闷不乐，那她的朋友是真的因为座位的问题不开心呢，还是只是因为这位同学自己的过意不去误读了朋友的表情呢？或者，朋友可能是有别的什么事情导致了情绪的低落，但是徐同学心思特别细腻，朋友任何情绪的波动她都会捕捉到，但又没有去问朋友，而是在想是不是和自己有关，想来想去，烦恼就自然而然随之而来。

“友谊”的烦恼产生还有一个原因就在于我们对朋友的“理所当然”。因为我们是朋友，所以我要去做什么事的时候你得陪我一起；因为我们是朋友，所以当我有困难的时候你一定要帮我；因为我们是朋友，所以有什么心事都必须和我倾诉。然而，再好的朋友也是彼此独立的个体，都有自己独立的空间。朋友之间是情分不是义务，没有应当或必须，也就没有你所认为的“理所当然”。

为你支招

曾经有段时间，有句关于“友谊”的话特别流行，那就是“友谊的小船说翻就翻”。然而，“友谊”真的如此容易翻船吗？那些说翻就翻的能被称为是“友谊”吗？

什么是“友谊”？我们常常会把处于一个共同空间下，有着一些共同的爱好，能够聊到一起玩到一块的人当做自己的朋友，如果这样的人有那么几个，大家还会形成共同的“朋友圈”“小集体”。可是，仅是这样，这种“友谊”的名字应该叫做陪伴。随着彼此间生活空间的变化，陪伴的“友谊”也就随之散场。

那么，真正的友谊是什么样的？被称为古希腊罗马文化之父的西塞罗，在他的著作《论友谊》中将友谊定义为“对有关人和神的一切问题的看法完全一致，并且相互之间有一种亲善和挚爱……除智慧以外，友谊是不朽的神灵赋予人类最好的东西”。其实，西塞罗所强调的就是朋友之间要有相同的价值观。周国平曾经说过，人活着就是活价值观，不同的价值观活出不同的人生。而相同的价值观不是说你们喜欢同一个明星、同一部电影，有着共同的兴趣爱好，而是更深层次上对人生、对事物的看法的契合。这种契合有时候会是你和某个人初次相交就感到的一拍即合，更多的还是需要长久的交往才能判断出你们彼此在品格、意志、兴趣等各方面是否和谐一致。在此基础上被你“筛选”出的真正的朋友，不会因为时空的转换就离你而去，这样的朋友也不会和你说翻就翻“友谊的小船”，你们的友谊必定是经得起岁月的考验的。而那些真的和你说翻就翻的人，你也不必为他的离去伤怀，因为他只是你生命中擦肩而过的路人。

你若想获得高质量的友谊，首先得不断完善你自己。你若盛开，清风自来。说白了就是物以类聚，人以群分。只有从思想、修养、眼界、见识等各个方面不断充实与提高，你才有可能会遇到更为牢固的友谊，因为这份友谊有着更加深厚的内涵与根基。正如西塞罗所言："当一个人最自信的时候，当他因具有美德和智慧而感到很充实，无须求助于人，完全能够独立自主的时候，就是在这个时候他是最喜欢结交朋友，最珍重友谊的。"

当然，如同人类其他的感情一样，再纯粹的友谊也是需要人与人之间的相处与维系的。中国有句古话：君子之交淡如水，小人之交甘若醴。真正的朋友不需要时刻腻在一起，有时候反而需要保持一定的距离。距离太近，反而会给朋友带来压力。

"一个人，他的真正的朋友就是他的另一个自我。"（西塞罗《论友谊》）当你有幸遇见你的"另一个自我"要珍惜，你们友谊的小船会在人生的汪洋大海中不惧风浪不断前行。

哲学知识小贴士

西塞罗《论友谊》摘录

友谊就其本性来说是容不得半点虚假的：就其本身而言，它是真诚的，自发的。因此，我觉得，友谊是出于一种本性的冲动，而不是出于一种求助的愿望：出自一种心灵的倾向（这种倾向与某种天生的爱的情感结合在一起），而不是出自对于可能获得的物质上的好处的一种精细的计算。

所以，我们把这定为友谊的第一条规律：我们只要求朋友做好事，而且也只为朋友做好事。但我们也不要等人家要求了才去做：永远要热心主动地去做，不要迟疑。我们要有勇气坦率地提出劝告。在友谊中，让能进忠言的朋友发挥最大的影响；产生这种影响的忠言不但要坦诚，而且有时，如果情况需要的话，还要尖锐；而当朋友作这种劝告时，就应当听。

一般来说，我们应当等到人的性格业已形成且达到一定年龄之后，才决定友谊方面的事情……只有那种成熟的友谊才是永恒不变的，因为性格的不同会导致旨趣的不同，而旨趣的不同最终会使得朋友之间的关系疏远。

美德，也正是美德，它既创造友谊又保持友谊。兴趣的一致、坚贞、忠诚皆取决于它。当美德显露头角，放出自己的光芒，并且看到另一个人身上也放出同样的光芒时，她们就交相辉映，相互吸引于是从中迸发出一种激情，你可以把它叫做“爱”，或者你愿意的话，也可以把它叫做“友谊”。

“珍贵”的童年友情

十载的友情难能可贵，尤其是对一个才十六岁的少年而言。

最使小明感到幸运的便是那群在幼儿园之前就开始一起摸爬滚打的小伙伴，也是他搬到新家来认识的第一批邻居。童年时作为幼儿园和小学的同学，大家常常聚在一起讨论着昨晚炫动卡通里播放的《火力少年王》的剧情；在学校合伙调皮捣蛋；围着一台电脑与普尼大战三百回合；时不时耍耍足球……总有数不完的共同兴趣维系着几个人间的友情，仿佛那时每天的游戏就是他们世界的全部。

可伴随着网络的发展，大家逐渐不被局限在这块狭小的土地，每个人都有各自的爱好。

时过境迁，大家现已纷纷站在命运的十字路口。有人为了躲避高考而出国；有人沦落到了成天混日子的技校；有人甚至放弃了学业；而小明作为其中学习最努力的一个则来到了一流的市重点高中……随着时间的冲刷，大家好似渐行渐远，只有在小区里碰面时才偶尔打声招呼，尤其是“书呆子”小明尤其与大家格格不入。在其他人讨论着自己最喜欢的dj时，小明只能在一旁尴尬地附和两句，因为电子舞曲在他眼里就如同天书，而他只钟情于古典音乐。当其他人开始不醉不归时，他的纸杯里却只装着橙汁……

小明为此感到十分困惑。是该做真实的自己，断绝自己从小到大最真切的一段友情？还是勉强自己接受他人的爱好，而维系着他长久以来最为珍惜的这段友情。

晓哲老师有话说

小明同学的困惑，可能大多数人在人生的一些转折的阶段都会有：曾经一起长大的朋友，由于各自发展方向不同，渐渐远离和陌生。究其原因，既是因为彼此路途距离上的增加，也是因为心灵上渐渐缺少了共鸣，产生了隔膜。

友情是人生最美好的情感之一。童年时纯真的友谊尤其珍贵，怎样才能让这份珍贵留住？

要回答这个问题，并正确对待所面临的这一困惑，首先要对什么是友情有个清楚的理性认识，才能有后续的正确判断，以指导自己的正确行为。而对事物的理性认识，是从概念开始的——

对“友情”一词的词义，字典上是这样解释的：“友谊，朋友的感情。”那让我们再来看看对友谊的解释：“朋友之间的亲密情谊。建立在利益一致和相互信任的基础上。表现在情感（如相互了解、相互同情）和行为（如相互支持、帮助、援助）等方面。是一种纯洁美好的感情。”

友情是朋友之间的感情，那么，什么是朋友？现代汉语词典（第七版）上的解释是“彼此有交情的人”。还有其他解释是：“同学；志同道合的人。后泛指交谊深厚的人。”结合友情、友谊和朋友的定义，我们知道：有友情，才有朋友——友情是相互的：是一种沟通和交流，不是单向的情感；是彼此的扶持，不是一方的倾向；要有呼应，不能强求。而有了这种相互之间的情感之后，我们就有了“朋友”。

有了相关的概念，我们就可以进行合理的判断和推理了：小明的困惑，既在于过去的朋友缺少了呼应的情感，不知应当如何去挽留，更可能也在于他缺乏现在的朋友，更在于由于缺少朋友而引发的孤独感，因此也更加留恋珍惜童年的朋友。

最近一段时间，复旦大学教授陈果的“朋友无用论”非常盛行。“朋友无用论”的核心思想是：朋友都是无用的。你交朋友不是因为朋友有用，而是你有很多的爱要奉献，是因为你要付出。所以当你遇到困难的时候反而不会找你特别好的朋友帮忙，而是去找利益关系清晰的人帮忙。我们很少向朋友借钱，很少让朋友去帮你解决特别棘手的问题。朋友因此不是实用品而是奢侈品，有 TA 在你就不孤独……

但是，这样的“友情”是真正的友情吗？

童年时的友情之所以珍贵，是因为彼此之间“利益一致”——同吃同玩，很少有什么实质性的利益冲突，童年时期的朋友几乎完全符合了这种“无用的朋友”的全部要求。纯真在于此。之所以难得珍贵，令人怀念，也因为此罢。但是，还是这个问题，这是一份珍贵的感情，但它是真正的“友情”吗，符合友情的概念吗？

童年的美好、纯真，不是因为童年本身就没有利益之冲突——是因为保护人的存在——父母或长辈是一个安全的港湾，长辈已经把风雨遮挡住，已经把子辈该有的利益基本或全部满足，因此才有子辈的无忧和无虑。

然后，人终究是要长大的。终要去承受风雨。且终将需为他人遮风挡雨。终究要找寻自己人生道路上的新的朋友和伙伴。终究，朋友绝不是“无用的”奢侈品，朋友就是那个能彼此扶持，彼此援助的“有用的”人。也许这种扶持并不是物质利益上的，而是精神世界的灵犀相通，但终究友情是一种相互付出的情感。

梁实秋先生说：“所谓友谊实即人与人之间的一种良好的关系，其中包括了解、欣赏、信任、容忍、牺牲……诸多美德。”“总角之交[1]，如无特别利害关系以为维系，恐怕很难在若干年后不变成为路人。”

为你支招

小明已经长大了，和过去童年玩伴之间有了不同的价值观。价值观的区别，使得大家对同一事物的根本看法已经开始不一致了：“‘书呆子’小明尤其与大家格格不入。”——说明小明更爱学习。“在其他人讨论着自己最喜欢的 dj[2] 时，小明只能在一旁尴尬地附和两句，因为 edm（Electronic Dance Music 电子舞曲）在他眼里就如同天书，而他只钟情于古典音乐。”——小明更爱古典音乐。“当其他人开始不醉不归时，他的纸杯里却只装着橙汁……”——小明更倾向于健康的生活方式。也就是说，他和玩伴们的价值观有了不同。

是的，当我们长大了，童年的朋友们也长大了，大家可能还有可以交流的思想，有共同或能彼此接受的价值观，也可能完全已经不能彼此理解和认同，有了价值观上的分歧甚至矛盾。友情是相互的情感，在过去的朋友那里，小明感觉到了孤独。情感上：为了挽回友情，他想改变自己，迁就朋友；理智上：他知道自己并没有错，并不想改变自己，迁就朋友。怎么办？

面对已经开始发生的情感变化，小明可以有如下几种处理方法。

---

① 总角之交：汉语成语，与“青梅竹马”相对，它指儿时结交相识并一直陪伴长大的朋友。语出《三国志·吴志·周瑜传》注引《江表传》(这个不是最早出处)。最早出自《诗经·齐风·甫田》，又《礼记·内则》：“拂髦，总角。”郑玄注：“总角，收发结之。”旧时因称儿童时代为“总角”。

② DJ 的技术叫做打碟，也可以说这就是一个负责打碟的职业名词。他们以这种放歌的形式存在，绝大部分放着电音，但严格来说可以放任何音乐风格。(百度百科)

一是找到新的共同兴趣和爱好。这样就有新的情感共鸣，能让朋友们有共同的话题，情感回归，价值观趋同。

二是去寻找新的朋友。中国社会科学院哲学研究所研究员，中国当代著名哲学研究者周国平说："我相信，一切好的友谊都是自然而然形成的，不是刻意求得的。我还认为，再好的朋友也应该有距离，太热闹的友谊往往是空洞无物的。"

朋友分很多类：有的是普通朋友，数面之缘，泛泛相交；有的是志同道合，事业之交；有的是利益共同体，利益之交；有的是灵犀相通，心灵之交……而超越时光的真朋友真感情还需要经历考验——古语谓之：患难见真情，日久见人心。过于强求某一种朋友，是为难自己，因为交朋友，也需要有机缘。

我们常说："莫逆之交"，这是什么意思呢？先秦·庄周《庄子·大宗师》中说："三人相视而笑，莫逆于心，遂相与为友。""莫逆"指心中没有抵触。"莫逆之交"指朋友之间情感一致，心意相投。如果与朋友的生活环境不一致，彼此思想观点不同，的确很难继续成为朋友。

当然很难，并不等于不能。

三是分享彼此的生活。朋友重要的原因，除了因为能彼此心意相通，互相扶持，还因为朋友能开阔自己的视野。朋友之间的交流，能够丰富彼此的人生体会。生活环境不一样的朋友，未必一定要趋同彼此的生活方式、思想和观点，但一定要能理解接受、认可彼此。比如未成年人不可以饮酒，但酒精度数较低的啤酒、葡萄酒是否可以？热情的聚会有时很难完全避免饮酒，关键在于适度。不饮酒的小明，如果可以接受朋友适度饮酒，朋友也能认同小明饮橙汁，那这点"差异"是影响不了大家朋友相聚的快乐的。但如果朋友把握不了度，小明也无法影响和改变朋友，而且朋友更不能容忍小明的选择，那么这样的朋友，是否还值得小明交往呢？

总而言之，人是群居动物，需要朋友，但靠改变自己去适应别人，结果一定会影响自己的人生。因此要看这种改变和影响是否是健康、向上的。明知道朋友所持的并非积极向上的人生态度，就不能受其影响，应该用自己健康的思想和观点影响朋友，带动朋友积极向上。

拥有朋友，成为朋友，是为了彼此更加美好的人生，这是友情的“初心”。别为了挽留友情，而勉强自己接受不喜欢的生活方式和思想观点。

友情最珍贵的，在于彼此接纳、相惜扶持之心。

愿你重新找回或有缘找到，并珍惜那些真正的友情。

哲学知识小贴士

哲学意义上的价值是指事物具有的满足主体需要的作用或效用。

人们在认识各种具体事情价值的基础上，会形成对事物价值的总的看法和根本观点。价值观是人生的重要导向。一个人走什么样的人生道路，选择什么样的生活方式，都是在一定世界观和价值观的指导下进行的。人生价值观是人们对人生的目的和意义的总的看法和根本观点，它是价值观在人生问题上的体现。

友情观，归属于价值观中的人生价值观。

价值观有正确与错误之分，只有坚持正确的价值观，才能正确地判断利弊，促使实践活动获得成功①。

---

① 国家教材委员会：普通高中教科书　思想政治　必修 4　哲学与文化［M］. 北京：人民教育出版社，2019：74—75。

简·惘

身边处处有哲学，由简至繁无不触及。因而我从校园生活的角落里发现了一些蕴含哲理的小困惑。

不管是小学还是中学，甚至我听说在大学校园里，我们最常听到的一句大概就是“你们是我带过的最差的一届”这句话了，不知道是一种轮回还是一种定数一样，反正这句话不知道老师为什么要说，但我们就是找不到反驳的理由。这当中蕴含着老师对学生的怎样的一种哲理？

“老师来了”这四个字在班级中不知道骗了多少人，前一秒嘈杂的教室能在瞬间安静下来，甚至是连门口的脚步声、破旧的门把手发出的金属碰撞声，这些细枝末节的信号都会给同学们带来一种紧张感，即便有时知道是骗人的，但内心就是无法控制自己，这又是什么哲理在引导学生呢？

老师们为了多给学生灌输一点知识，拖堂成了一个习惯性的问题，老师的口头禅总是说分分钟就能讲完，但当下一堂课的铃声响起的时候，老师才会依依不舍地离开，平常时间观念很强的老师，一上课就似乎忘记了时间，相信这种困惑也是许许多多学生都百思不得其解的。

上述三个问题均是学生们在日常学习生活中大都会经历的一些心理状态，相信这与哲学有着息息相关的联系，希望得到老师们的解答。

晓哲老师有话说

师生关系显然不是什么新鲜话题了。但奇怪的是，每当我们谈论这对关系时，关系双方似乎总有吐不完的槽，而且吐槽的点好像也经久不衰。老师们总是吐槽“学生越来越难教”“教的学生一届不如一届”，每一届学生似乎都是“带过的最差的一届”。而老师拖堂、作业多，也经常“荣登”学生吐槽排行榜前列。一句“老师来了!”可能是学校里不分男生女生、不分低年级高年级、最奏效的威慑台词。

细细想来，好像不管什么年代，做学生的好像都有点怕老师。电脑游戏中出现的那种能力巨大，而且难缠、耐打的对手，我们管他们叫什么？大 BOSS！生活中那些非常有决定权、非常厉害的人物我们也常称他们为大 BOSS。老师像不像学校里的大 BOSS？他们是管理者，学生是被管理者；他们是教育者，学生是受教育者。很显然，在学校里老师和学生所处的地位存在着相互对立、相互排斥的一面。在学校教育教学的过程中，老师担负着教育教学任务的组织者和引导者，“传道授业解惑”是老师的职责所在，“好好学习”是学生的职责所在。因此，老师在教育教学中起着主导作用，对学生的行为具有一定的影响力。久而久之，学生对老师有了敬畏之心，也就是学生嘴里常常说的“怕”。

在电脑游戏中大 BOSS 消失，游戏就通关了。那么让学校里的大 BOSS——老师们消失如何？学生就不用再怕“老师来了”……相信看到这里的你一定会觉得这种想法有多可笑，有多幼稚！是啊，没有了老师，学校教育教学任务中的“教”该如何完成？没有了“教”，学生的“学”如何来实现？——学应“从师而学”。同样的道理，没有了学生的老师，纵有千般武艺绝学，奈何独缺传人。——教应“为学而教”。由此可见，师生关系又是相互联系、相互依存的。在学校教育教学活动中，老师和学生是完成教育教学任务的统一体，彼此以对方的存在为前提，离开了其中任何一方，另一方也就失去了存在的意义。而且，在教育教学过程中，老师和学生在一定条件下可以相互转化。教育家陶行知先生曾说过："做先生的，应该一面教一面学。"时代在变，每一届的学生也在变，学生是不是真的一届不如一届？老师有没有认真做过分析比较，制定一套适合本届学生特点的教学方法？老师不应该只是自顾自按部就班地教，还应该不断地在教育教学中关注学生的反应，他们的反馈可以让老师更加客观地了解教育教学的成效，发现不足，及时完善自己的教育教学方案。与学生交流讨论中碰撞出的思想火花，学生身上显现的闪光点，或许也能成为老师获取新知识的力量源泉。特别是在知识不断丰富、信息不断更新的今天，"弟子不必不如师，师不必贤于弟子，闻道有先后，术业有专攻"，是否有老师敢轻易拍着胸脯保证自己肯定懂得比学生多？晓哲老师我可是没这个自信的。在知识储备无法满足学生要求，抑或是不如学生的时候，与其抱怨学生越来越难教，还不如放下老师的架子，诚恳地把自己当成学生，虚心向小老师学习，拓宽自己的知识领域，提升自身素质。这应该就是我们常说的教学相长吧。

为你支招

世界上的事物为什么会不断地运动、变化、发展呢？这是因为事物内部都存在着矛盾，矛盾的同一性和斗争性相结合推动着事物的运动、变化和发展。在自然界，生物的新陈代谢、遗传与变异的矛盾，推动着物种由低级到高级发展；在社会生活领域，生产力和生产关系、经济基础与上层建筑的矛盾推动着社会形态由低级阶段向高级阶段发展；人们的思想中的先进与落后、正确与错误的矛盾推动着思想的发展和进步。总之，世界上一切事物的运动、变化和发展，都是矛盾双方既统一又斗争的结果，矛盾是事物发展的动力和源泉。① 因此，在学校生活中，我们应该坚信老师与学生这一对矛盾正是推动学校教育教学发展和进步的动力和源泉。在师生关系中，无论是老师还是学生，坦然接受双方这种既对立又统一的关系才是正解。通过互相监督、互相批评指正，双方更好地认识自我、弥补不足、不断完善。通过互相尊重、互相支持、互相协作，双方成就彼此，创造出值得彼此崇拜的人。紧张的师生关系自然而然就会变得和谐融洽了。

哲学知识小贴士

同一性和斗争性是矛盾固有的相反相成的两种基本属性。矛盾的斗争性是指矛盾双方的相互排斥、相互对立的属性。它体现着对立双方相互分离的倾向和趋势。矛盾的同一性是指矛盾双方相互吸引、相互联结的属性和趋势。矛盾的统一性是相对的，矛盾的斗争性是绝对。矛盾个双方的对立统一推动事物的运动、变化和发展，由此构成事物发展的源泉和动力 ②。

---

① 国家教材委员会：普通高中教科书　思想政治　必修 4　哲学与文化［M］. 北京：人民教育出版社，2019：36。

② 国家教材委员会：普通高中教科书　思想政治　必修 4　哲学与文化［M］. 北京：人民教育出版社，2019：37。

荣誉而抑郁

在我的认识中，荣誉是一种激励、一种赞美、一种认同。所以，人们会努力追求让自己变得更好。但最近，一些事让我突然觉得荣誉有时也会让人抑郁。

这件事的开端是一件我并不在意的小事：我趁着一位老师在讲一件和我无关的事的时候自顾自做习题，引起了她事后对我的批评，我立刻诚恳地做了道歉。在我看来，我只是最近状态不好，想争分夺秒做得更好，这样的做法可能是不尊重老师的表现。我也意识到了这一点，的确是我做得不对。然而，我那天课间无论我做什么，她都会莫名其妙瞪我，让我的心里也同样不好受。

她和我说理的时候以我的一些荣誉头衔为由，认为我不应该做这样的事，也让我不由得心生厌烦，因为荣誉并不是完美的象征。我的错误因为荣誉而被放大，这算不算一种苛求？

我很抱歉做出让她不开心的事，但我并不认为这就是她能做的最合适的教育。其实我一直是比较理性地看待问题的，我认真道歉就是想表明我尊重她，并希望这件事画上句号，但她却还是反复以此为由对我进行批评。

我愿意接受每个人身上的不足，因为没有人是完美的，因此我也会正视自己的不足，也愿意接受他人的指出批评，但我并不希望因此而剥夺我自我改正和公平对待的权利。

人终究会有不想出演完美的一天，我只希望当那一天来临，人们不要因为一个人身上的荣誉而过分苛责他，荣誉本身不是一个人被苛责的原因，而是这件事情本身。我的看法对吗？

晓哲老师有话说

看完发生在这位同学身上的故事后，我想起了很久之前看过的一则小故事。一个少年去拜访一位年长的智者。少年问：怎样才能变成一个自己愉快，也能带给别人快乐的人呢？智者微笑着说，我送给你四句话：第一句话“把自己当成别人”；第二句话“把别人当成自己”；第三句话“把别人当成别人”；第四句“把自己当成自己”。你自己好好去领悟和体验吧！

这里我想把这四句话中的前两句“把自己当成别人；把别人当成自己。”送给这位同学和他的班主任。

很多时候，我们为人处世常常会站在自己的立场上去审视自己和别人，不自觉地用自己的主观感受去评判别人的行为，推断他们行为举止背后的意图或者动因。可有些时候行为者的本意或者动因并非如此，这样推断实则是推断者的主观臆测，这样做的结果很可能会造成双方的误解和不愉快，就像这位同学和他的班主任一样。这位同学在不该做自己事的时候自顾自做习题，有错在先。但班主任如果能在事后去好好了解一下这位同学这样做的原因，把学生当成自己，设身处地从这位同学的立场思考一下：“如果是我，会不会犯这样的错误？”这就是我们常说的换位思考。“把别人当成自己”，当别人出现差错时，你或许就可以像理解和宽容自己一样理解和宽容别人了。

很遗憾，班主任并没有这样处理，而只是站在自己的立场上，主观地把这件事定性为这位同学不以身作则，“辜负”身上所肩负的荣誉。这样的批评教育不但没有起到教育的作用，而且还引起了这位同学的反感。正如这位同学所说的这并不是最合适的教育。

那么，这位同学被班主任批评后的反应是不是全部“合适”呢？这位同学在被班主任批评后，立刻认识错误，诚恳地做了道歉，这要给他大大的一个赞。但从他的字里行间，也不难看出道歉之后，当天课间无论做什么，班主任都会莫名其妙地瞪他，这让他很委屈。班主任还反复以此为由对他进行批评，用荣誉头衔苛责他，这让他还有一点点的不满。

大家有没有发现，这位同学身上也有班主任的影子？他似乎也没有把班主任当成自己去考虑一下：“如果我是班主任，会不会也这样批评学生？会不会时刻提醒学生不要犯同样的错误？”而且荣誉所肩负的责任担当让他感到别人对他的苛责。诚然，金无足赤，人无完人。我们应该把“别人当成自己”，不要苛责荣誉在身的人处处表现完美。但是对于荣誉在身的人，是不是也可以这样来为自己的不足找托词呢？你是否愿意接受并不如你表现好的别人荣誉在身呢？我们常常会以严于律己，宽以待人的原则作为为人处世的标准，但现实生活中往往结果是严于律人，宽以待己。俗话说，当局者迷，旁观者清。如果我们能跳出自己的圈子，从别人的角度来审视自己，“把自己当成别人”。也就是说，当我们用挑剔的眼光审视别人的时候，也用同样挑剔的眼光审视自己，我们是不是可以更清醒地认识到自身存在的不足，更好地完善自我，更容易理解别人对自己的高标准、严要求呢？

为你支招

在哲学上存在两个根本对立的派别：唯物主义和唯心主义。两者的根本分歧在于物质和意识何者为第一性的问题，由此形成了两条根本对立的认识路线。唯物主义主张物质第一性、意识第二性。在对客观世界的认识上，是一条从客观实际出发的认识路线；唯心主义主张意识第一性，物质第二性。在对客观世界的认识上，是一条从意识

（精神）出发的认识路线。人类世代的实践和科学的发展，都证明了唯物主义的正确性和唯心主义的荒谬性。我们懂得了辩证唯物主义的基本观点，就应该在认识世界和改造世界的活动中，做到一切从实际出发。我们要根据客观存在的事物出发，作为我们行动的依据。① 就如发生在这位同学和他的班主任之间的这件事情，无论是这位同学还是他的班主任，想问题、发表自己的看法时都应该从当时事情的实际情况出发，而非从自己狭隘的局部经验出发，主观臆测他人的行为。彼此都设身处地站在对方的立场上思考一下问题，摆脱个人主观情绪的左右，之前的不愉快是不是就能避免了？

哲学知识小贴士

一切从实际出发，实事求是就是我们做事情要尊重物质运动的客观规律，从客观存在的事物出发，经过调查研究，找出物质本身固有的而不是臆造的规律性，作为我们行动的依据。②

① 国家教材委员会：普通高中教科书 思想政治 必修 4 哲学与文化［M］. 北京：人民教育出版社，2019：25。

② 国家教材委员会：普通高中教科书 思想政治 必修 4 哲学与文化［M］. 北京：人民教育出版社，2019：25—26。

“塑料”姐妹情

身为一个周边不定期会充斥着各类学科成绩的高三学子，我已经逐渐看清了，我与各位妹子间的“塑料”姐妹情。

“数学没到一百五就是白考。”某位数学大佬如是说。

“哎呀，我考得不好，才一百三。”擅长英语的小A说。

“我觉得这个分，有问题！我分怎么那么高！”一个化学学霸来自灵魂深处地发问。

每当此时，我都会感觉到来自世界各方的“恶意”，当然有些时候我也会说出类似的话。虽然有些时候，我会十分不喜我亲爱的闺蜜和我讲类似的话，但转念一想，对她而言某些学科成绩虽然相较他人属于绝对高分，但对于她本身而言确实没有发挥出应有水平。况且，擅长英语的她，也只会抱怨英语的低分，却不会在数学到达均分后抱怨分低。

此外，虽然对于听见别人得高分多少有些抵触心理，但确实在受到打击的同时，也不免被鞭策激励。我与闺蜜的“塑料”姐妹情支撑着我们互相打击、也是相互激励。当然，我们也会把握说话的分寸，适时安慰对方，以维持我们来之不易的友情。

晓哲老师有话说

在中学生的人际交往中，同学之间的关系是一个最重要的关系。中学生友谊的特点是纯粹，没有夹杂很多的利益在里面，互相之间更多的是单纯的互相欣赏和投缘。对成年人而言，中学生时代的友谊都是非常珍贵的人生记忆。

不同的时代表现出来的同学友谊会有些不同。现在的中学生，经常会看到他们互怼的景象，朋友圈里晒的同学一起吃吃喝喝的照片等等，这已经和晓哲老师 20 世纪 80 年代的高中生是不一样了。同学和我谈起“塑料”姐妹情，是我第一次听到，让同学给我说一个表现这种友谊的故事，随后大概有了一点理解。指的是朋友之间虚假的友情——像塑料花一样假，但是却永远不会凋谢！这个说法感觉很矛盾。从同学的故事中，我理解“假”其实是一种现在同学之间交流的形式，而不是真正的“虚情假意”。

哲学中有一对范畴内容和形式。内容指的是构成事物的一切要素的总和，是事物存在的基础。① 在友谊中有几个关键的要素，其一是价值观的一致性。庄子说“同类相从，同声相应”② 意思就是人以群分，物以类聚。为什么呢？其实本质上就是价值观的一致，彼此心知肚明，尽在不言中，彼此才会有默契。其二是互相欣赏。每个个体都有差异，有特殊性，友谊是建立在互相欣赏差异或者是共同特质上的。其三是包容。由于每个个体特质都不同，总有和自己不同的方面，如果没有包容，是不能成就友谊的。庄子说：“不能容人者，无亲；无亲者，尽人。”③ 意思是气量狭小不能够容人的人，就不会有与他亲近的人；没有与自己亲近的人，那就都是人家的人了。如果没有包容心，那很难建立友谊。这三个要素总和在一起就构成了友谊的基础。

---

① 上海中小学（幼儿园）课程改革委员会．高级中学课本：思想政治　高中二年级　第一学期（试用版）[M]．上海教育出版社，2015：157。

② 出自《庄子・渔父》。

③ 出自《庄子・庚桑楚》。

形式指内容诸要素的结构和表现方式。[1]在这个话题中是指同学之间的相处方式吧。有些同学形影不离，什么时候都会发现她们俩在一起，互相说话都是轻声细语的。有些同学之间塑料花式的，表达直白，没有考虑别人的感受，感觉有点假，有点刺痛对方，但是她们仍然是好朋友。故事中的同学单纯可爱、胸无城府、直言不讳，因为她们还不懂得“王顾左右而言他”的世故与圆滑，在联手冷嘲热讽、讽刺挖苦“我”其实是无意的。内容和形式是相互作用、相互影响的。内容决定形式，而形式反作用于内容。[2]

为你支招

高中生在建立友谊的过程中要从内容和形式两个方面来考虑。首先，要注重友谊是内容，学会真诚与宽容。友情对人的重要性，这里不再赘述了，大家都希望得到友谊，就像物理学中的作用力和反作用力，哲学中的矛盾的对立与统一，都给了大家启发，你给他人真诚，你也会得到真诚的回报；同样宽容别人，别人也会宽容你、接纳你；其次，就是形式要恰当、注意度的把握。年轻人往往口无遮拦，直言不讳，其实会伤害他人，同学的故事中，也是深有体会的。在成长的道路上要你要学会将心比心，懂得理解友人，用合适的方式与朋友相处。如果方式的不恰当会把友谊之船掀翻；最后，学会选择。不是每一个碰到的人都可以成为朋友的，“道不同，不相为谋”[3]，根本原则不一样的，不能成就友谊的，所以中学生要树立正确的价值观，并且和自己价值观一致的同学成为朋友，这将使你们共同进步，成就更好的自己。

---

① 上海中小学（幼儿园）课程改革委员会．高级中学课本：思想政治　高中二年级　第一学期（试用版）[M]．上海教育出版社，2015：157。

② 同上。

③《论语·卫灵公》。

哲学知识小贴士

内容指构成事物的一切要素的总和，是事物存在的基础；形式指内容诸要素的结构和表现方式。内容和形式存在于统一体中，不可分割。内容和形式是对立统一的关系。两者是现实事物的内在要素和结构方式的两个不同方面，这两个方面是对立的，内容不等于形式，形式也不等于内容；但内容和形式又是统一的，表现为：二者相互依赖，不可分割，没有无内容的空洞形式，没有无形式的纯粹内容；二者相互作用，相互影响，内容决定形式，形式反作用于内容。

形式适合内容时，对内容的发展起着积极的推动作用，当形式不适合内容时，对内容的发展起着消极阻碍的作用；二者在一定的条件下可以相互转化。内容和形式的区别和对立是相对的，只是对特定的事物和确定的关系才有意义，在一定条件下，内容和形式相互转化。

内容和形式这对范畴，对我们辩证思维的意义在于：要重视内容，根据内容的需要决定形式取舍、改造和创新；要善于运用形式，发挥其积极作用，利用和创造必要的新形式，适时地抛弃与内容不相适应的旧形式。①

① 上海中小学（幼儿园）课程改革委员会、高级中学课本：思想政治 高中二年级 第一学期（试用版）[M].上海教育出版社，2015：157。

推开陌生人间的屏障

我有一位同学叫小谦，初识他是在军训的时候。休息时大家都聚在一起聊天，和教官一起唱歌，可是，他却孤身一人在角落里坐着，安静地看着我们。所以，他留给我的第一印象是：羞涩内向，冷漠孤傲，不好接近。

一晃几年，彼此都渐渐熟悉后，我发现小谦其实是一个乐于助人、风趣幽默的好伙伴，他也逐渐开始对我敞开心扉。

作为高二学生，我们课余时间都会参加很多社会实践活动，也会进行各自的课题研究，这就避免不了与陌生人进行沟通交流了。

小谦说，在进行志愿者服务时，每当他看到有困难的人的时候，他心里都很想上前去帮助他们。可总是话到嘴边又咽了下去，生怕自己说错话误导了别人。这样一来，有些人就觉得小谦志愿者工作不认真，对他产生了误会。

在做课题时，小谦花了很多心思去设计调查问卷和访谈纲要。可是一落到实际上，他却又退缩了。他不知道该如何与天真稚嫩的孩子们进行交流，也怯于向素不相识的长辈们进行访谈。这导致小谦最后写报告时数据不够，追悔懊恼。

每次遇到这样的情况，小谦都会因自己的怯懦怨恨自己，又觉得很委屈。而每当他与我倾诉的时候，我也很为他着急，却不知道该如何帮助他。

他该怎么推开与陌生人之间的屏障呢？

晓哲老师有话说

一个人的人际关系随着年龄的增长而不断广泛起来。高中生从亲子关系、同学关系、师生关系不断拓展。这是人走出家庭成为社会人的过程。正如故事中所说高中生开始独自尝试和陌生人相处了，小谦同学的烦恼大概很多同学也会有。哲学上说世界上的一切事物都不是孤立存在的，而是处于普遍联系之中。所以人际关系是客观存在的。而且联系又是多样的。人际关系是人与人的联系，在成为社会人的过程中，人际关系无限多样地发展。就如故事里讲到的，高中生要参加社会实践、志愿者服务、做研究课题、有些学生干部还有校际交往等等，都会和更多的人进行联系，甚至有些同学开始在网上有了网友。

同时也要认识到联系还具有条件性，与不同的陌生人的相处方法是不同的。在生活中我们就要去研究不同的情况，找出不同的相处方法和规律。

为你支招

在人际交往中中学生要把握几个方面：首先是把握人际交往的机会。中学生未来必然走上社会，所以与人沟通交流是必不可少的，拥有良好的人际交往能力是获得成功的必要保证。从中学阶段就开始，就要锻炼自己，把握一些处事的方法和规律，使自己将来进入社会能更加顺畅。目前中学要求学生做的社会实践、课题研究、校际交流、学科中的社会实践等等都是提高人际交往能力的契机，中学生应该好好把握，即使像小谦那样性格比较内向的同学，必须要克服自己的心理障碍，在人际交往中学习处世之道，因为这是无法避免的，人际关系必然存在。

其次，要研究与不同类型陌生人交往中的方法。先以课题研究中的人际相处为例。高中生都在做课题，尤其是社会科学类的课题比较多，那就需要同学去做访谈、开展问卷调查等等，虽然现在很多问卷可以在网上完成，但是还是有很多课题，研究的对象比较狭窄，不可能通过网络工具去收集信息，只能去实地访谈、征集问卷。这样就必须和陌生人相处了。中学生需要去采访陌生的成年人，你真诚和希望得到帮助的态度，是最能打动成年人的。进行这样的交往采取的关键步骤是，你先要设计一个真诚的开场白。“我是 ×× 学校的学生，我正在对 ×× 现象进行课题研究，我希望得到您的帮助。我想请教您几个问题，大概需要 10 分钟。您看现在可以吗？非常感谢您！”注意开场白要简短清晰、面带微笑、语言礼貌。这样对方才能以一种愉悦、自愿的心情来配合你的访谈。但是你也要有思想准备，要是被拒绝了，你也要能承受，并且调整心态准备下一个访谈。大多数成年人是愿意帮助中学生的，但也不可避免的是，由于各种原因，你也会被拒绝。

最后是同学之间的互相帮助。故事中小谦的同学，大家知道了他的个性内向，慢热但心地善良，愿意帮助别人，那么同伴们能否和他一起去做社会调查，帮助他打开尴尬的局面呢？或者你的小小帮助，会对小谦同学有大大的推进呢！赠人玫瑰，手有余香，成就别人的同时也提升了自己，何乐而不为呢！

哲学知识小贴士

事物的联系具有普遍性、客观性和多样性。

联系是普遍的，任何事物都与周围其他事物有着这样或那样的联系。每一个事物内部各个部分、要素之间也是有相互联系的，世界是一个普遍联系的有机整体。

联系是客观的，联系是事物本身所固有的，不以人的意志为转移。事物的联系就其与实践的关系来说，分为自在事物和人为事物，人为事物的联系虽然是人类实践活动的产物，具有“人化”的特点，但仍然是客观的、不以人的意志为转移的。联系的客观性要求我们从事情固有的联系中把握事物，切忌主观随意性。

事物的联系是多种多样的。由于事物的无限多样性，世界上事物的普遍联系也是无限多样的。在事物的多种多样的联系中，事物联系的特点也各不相同，有直接联系与间接联系，本质联系与非本质联系，必然联系与偶然联系等。把握联系的多样性，对于我们正确认识事物具有重要意义。①

① 国家教材委员会：普通高中教科书　思想政治　必修 4　哲学与文化［M］. 北京：人民教育出版社，2019：28—29。

我矛盾的妈妈

我是一名胖子。

皓月悬空，幽暗的都市中悬挂着一盏“灯”，“灯”里是一个伏案疾书的身影。这时任何一丝轻微的声响，都会影响我的学习。偏偏房门缓缓地被拉开了，我的母亲探出了身子，手上捧着一瓶热乎乎的杏仁汁，那是她预定好每天晚上必定有的补品。我察觉到声响，抬起头。我有点厌烦。妈妈一反往常放下营养品转身就走的习惯，破例在我身边坐下，说：“你有空吗？正好休息一下吧。我最近看到了以前的一个学生，原本他是那么胖哦。现在我看到他，我都不敢认。变化太大了。以前的双下巴、小肚腩，全都没有。我问他你是怎么减的肥，他说，就是少吃多动啊，然后我就想到了你……我真的很纠结，每天晚上的这杯饮料虽然可以补充营养，但又会让你发胖……哎！”这之后就是母亲管理的“关于罗列减肥的好处100条小课堂”。妈妈一边不停地搓着双手、一边两眼一眨不眨地看着我脸上的表情。我开始理解她了，下意识地点点头。

尽管开始有些厌烦，但我还是努力认真地听着，毕竟，这是来自一位母亲内心生出最真挚的关心与祝福。这种祝福伴随我到现在，也会直到永远。

晓哲老师有话说

做老师那么多年，也碰到很多不同的亲子关系。有些家长非常粗暴，对高中的孩子棍棒伺候。有些家长看到孩子害怕，无法交流，孩子经常威胁家长。当然大多亲子关系是和谐的，故事中的亲子关系应该是比较和谐的。虽然抵触妈妈的说教，但还是理解妈妈的良苦用心，妈妈也是非常尊重孩子的，这是值得肯定的好方法。从推门进书房到聊天的开始和进行都是平等地和孩子交流。亲子关系一直是社会讨论的话题，但大多是对家长指出问题，并纠正家长的做法。在这里，是不是高中生自己也要考虑一下这个问题呢？你家的亲子关系难道都是妈妈的错吗？

古人云："顾父母之于子也，子之于父母也，一体而两分，同气而异息，若草莽之有华实也，若树木之有根心也。"① 意思是父母对于子女，子女对于父母，乃是一个整体分作两处，精气相通而呼吸各异。就像草木的有花有果，也像树木有根有心一样。亲子关系是个矛盾体。好比是植物的不同的部分，但是处于一棵植物之中。辩证法中强调每一种矛盾是有主次之分的，其中起支配作用是矛盾的主要方面，决定着事物的性质，处于被支配地位的是矛盾的次要方面。② 在一定条件下，双方会发生转化。在亲子关系中，从儿童时期到少年时期、到青年时期，这段过程中家长起着主导作用，因为孩子还没有成为一个有完全行为能力的人，这时候家长的理念和做法会影响亲子关系的和谐和孩子的健康成长。所以大家可以理解在这个阶段，社会议论亲子关系，都在强调家长这边。到家长走向年老的时候，子女的作用越来越大，逐步成为亲子关系的主导作用。电视节目中的家庭调解节目，很多的关注焦点都是赡养老人的话题，这时家长已失去劳动的能力。处于被支配地位。高中阶段是

---

① 出自《吕氏初秋·精通》。

② 国家教材委员会：普通高中教科书　思想政治　必修 4　哲学与文化［M］. 北京：人民教育出版社，2019：41。

孩子的青年时期了，家长总是会说："到了高中，我的孩子不听话了，以前很听话的。"家长仍然起主导作用，但是孩子的主见开始多了，他开始想成为亲子关系的主导方。这时就出现重重矛盾。那么作为高中生我们该以什么样的态度对待与父母的关系呢？

为你支招

哲学指导我们理性地去看待问题。客观上在高中这个阶段家长是主导地位，在物质上要依靠父母、精神上也依赖父母。和父母的和谐相处看来是中学生必须做的功课。从儿童开始就会背诵三字经，小学到中学总是有关于孝道的教育，到了高中生阶段，才是开始真正理解孝道、并践行孝道的时候了。建议中学生遵循以下几个原则：其一是尊重父母。子游和孔子的一段对话可以给你一些启发。子游问孝，子曰："今之孝者是谓能养，至于犬马能有养，不敬，何以别乎？"[①] 孔子的意思是现在的"孝"仅是指能够供养老人，但世人对于狗呀马呀也都能够喂养它，不加上恭敬的话，二者又有什么区别呢？这段话对中学生的启示是什么，且不说你现在还没有能力供养父母，即使有这个能力，对父母的尊重比供养更重要。中学生更要尊重父母，经常沟通，不谓是一个好方法。平时多与父母聊一聊在学校的事情和学习上的困惑，和父母说说心里话，让父母了解孩子的内心想法。故事中的小胖子能否和父母沟通关于减肥的打算，高三期间减肥是不太合适的，是不是减肥的计划从高考结束开始，我相信父母会理解你，并且不会说那么多的道理；其二是换位思考。这个年龄可能正好碰上青春期对上更年期的时期，父母也有烦心事，尤其是母亲会比较唠叨，想想家长一天上班辛苦，回来还要关心孩子的学习和生活，也确实辛苦。多站在父母的

① 出自《论语·为政》。

角度思考，体谅父母的心情和难处，不要动不动就和父母顶嘴。故事中主人公做得很好，虽然不爱听妈妈的“减肥小课堂”，但还是听完，其实父母觉得你认真在听，也不会说太多，这样就减少了矛盾冲突的发生。

哲学知识小贴士

每一矛盾中的两个方面的力量又是不平衡的。其中，必有一方处于支配地位，起着主导作用，而另一方则处于被支配地位。前者是矛盾的主要方面，后者是矛盾的次要方面。事物的性质主要是由主要矛盾的主要方面决定的。矛盾的主要方面与次要方面既互相排斥，又互相依赖，并在一定条件下相互转化。[①] 矛盾的主要方面与次要方面既相互排斥，又相互依赖，并在一定条件下相互转化。

我们在认识某一个矛盾时，要着重把握矛盾的主要方面，抓住主流；但又不忽视矛盾的次要方面，即支流。我们反对把矛盾双方同等看待，甚至颠倒主次，混淆事物的性质。

---

① 国家教材委员会：普通高中教科书　思想政治　必修 4　哲学与文化［M］. 北京：人民教育出版社，2019：41。

小黑和小白

小黑和小白是同班同学。小白是一个皮肤白皙、大眼睛、有着甜美笑容的女生，她不仅貌美、学习也是十分刻苦努力，不算是学霸，也算是优良吧，所以她成为众多男生的仰慕者。小黑是一个皮肤黝黑、小个子男生，待人豁达、但学习糟糕。不知不觉地从什么时候开始小白和小黑形影不离，下课一起聊天、中午一起吃饭、放学一起回家。那次秋游，他俩离开集体，单独打的不知去哪里了。

在距离高考前的三个月，突然暴风雨来了，小白提出了分手，结果两个人大吵了一架。第二天小白依然来学校上课，虽然可以看出她的不快，但是她仍然认真上课、完成作业。而小黑就没来，只是给班主任发了个消息，说身体不适。第三天，小黑来了，眼睛红肿。他来办公室问老师拿作业，并告诉老师再也不要提小白的名字，老师点头同意，基本上知道了情况。上课时他根本听不进，眼神飘忽。第四天小黑又没有来，听班主任说，昨天晚上小黑一夜未归，家长和班主任都不停地寻找，最终得知他在网吧待了一夜。第五天他告诉班主任不再来学校了……

晓哲老师有话说

故事中两个同学都是可爱的中学生，这样的结果总是让人有点伤感。随着年龄的增长，处于青春发育期的少男少女们，有一种朦胧的对异性的眷恋、向往与思慕。这只是一种很表面、很肤浅的认识，并没有产生浓厚的情爱，也不一定是高中生的早恋。社会上称在大学前的爱情叫做“早恋”。社会上关于高中生该不该恋爱的问题，谈论得很多，理性告诉中学生不要恋爱。心理学给了答案，在高中这个年龄，第二性特征刚刚开始，生理变化引起的心理变化，在这种变化过程中，他们希望与同龄异性交往的心理便应运而生了。所以高中生恋爱也是个正常的现象。但是恋爱的后果令人担忧，像故事中的小黑，造成了很大的影响，真希望他早点清醒，毕竟距离高考只有两个月了。

根据心理学家埃里克森[①]的人生八阶段学说，18—30 岁，正值“练习爱”的人生阶段，需要解决的主要矛盾是“亲密”与“孤独”的矛盾。高中生正在成年早期，开始与他人的同一性相融合，但往往产生同一性混乱，认识不到两性之间的同一与差异。两性的同一性是个人能和他人同甘共苦、相互关怀；而差异性指的是每个个体都是不同，尊重他人、尊重自己。如果不能与他人进行思想感情的交流，那么就会像小黑一样陷入孤独寂寞的苦恼情境中。小黑和小白分手了，但小黑不懂失恋。在这个年龄段上，我们如果遇到爱，那就必须经受它的考验和磨炼，学会爱自己与爱别人，学会享受爱情里的甜蜜，也要有能力处理好失恋带来的伤心与受挫，这必然是一个成长的过程。

为你支招

高中生对待爱情该怎么处理呢？从哲学上说，首先要弄清目前阶段的主要矛盾是什么。学习的阶段当然学习是主要矛盾，这每个中学生都知道，但是是否把自己的精力和时间集中在学习上，让自己非常充实，在知识的渴求中，做到这点不容易。我特别欣赏小

---

① 爱利克·埃里克森（Erik H. Erikson，1902.06.15—1994.05.12），美国著名的发展心理学家。

白，她不管在感情中还是从感情中走出来，对学习一直非常投入，我想这也是她决定走出感情，更多投入学习上的原因，小白要比小黑成熟。小黑如果能清楚地认识到这一点，相信他学习也会非常棒。如果这个环境不能让自己投入学习。那是否可以换一个环境，选择自己喜欢学习的课程，总之要让自己充实，减少其他因素的干扰，等再成熟一点，对待感情问题能力就会强一些。

其次，对待感情的挫折要善于总结。在小黑和小白的感情上，差距太大，小白热爱学习，小黑不愿学习。在老师们和同学们眼里是不般配的一对。相信他们俩也应该是意识到的。小黑应该静下心来，总结经验，如果他比小白学习更棒，是班级里的学霸，是不是情况会有所不同呢？强大自己，才是小黑要去做的事情。不一定说学习好只是唯一的指标，但不得不承认，在学生的阶段学习还是最重要的展示自己的方面。不管怎么样小黑想让自己成为异性中可爱的人，需要调节心情，完善自己，才是最终的出路。

最后，在感情中要保持自我。小黑对小白真的是做了很多，虽然不管是同学之情还是爱情，双方都要互相关心，这点小黑做得挺好，甚至可能太好了。但是小黑失去自我了，变成以小白为中心，不好好学习，没有朋友。当小黑来找晓哲老师聊天的时候，就问他：“你的自我呢？”是时候思考自己了。如果暂时失去爱情，就更自暴自弃，学校都不想来了，无法学习，是耽误自己的未来。所以在矛盾中要注重差异，自己一定要保持自己的，让自己变得更好，或许这段感情哪天就回来了。

哲学知识小贴士

爱情观是人们对爱情问题的根本看法和态度，爱情观是人生观的反映。爱情是美好的，它是人生内容的重要组成部分，但不是人生的全部，它应该服从和促进事业的发展。

爱情观随着社会发展而不断地发展和变化，在不同的历史时期，由于受诸多因素的影响，比如当时社会的经济条件、社会制度、思想文化风尚等等的影响和制约。

高中生要正确处理爱情与学业的关系。高中阶段是学习最好的黄金时期，必须把学业放在首位，摆正爱情与学业的关系，不要把宝贵的时间全部用于谈情说爱上而放松了学习，这对自己的一生会产生重大的影响。

在恋爱过程中，应多互相尊重、共同进步，多多地理解对方和宽容对方。相爱的双方，都有着自己独立的人格和精神世界，既不能要求完全占据对方，也不能完全依附对方。爱情与做人一样，信任、理解和宽容都是十分可贵的品质。

长大就“自由”了吗？

我曾在青春期的叛逆中起起伏伏了很久，我发现处在这个年龄阶段的人似乎不怎么容易被家长、老师接受。即使这作为一种成年前性激素分泌所引起的连锁症状已经被广为流传，即使整个社会中总是充斥着“人们应该互相理解”的声音，但成年人仍旧固执地以他们自己的经验为参考来“指导”我们。然而，身处青春期的我们法律上虽未成人，但已经有了自己的想法和思维方式，父母却总将我们以小孩子对待。都说要经历才能长大，父母不放手，我们不自由，何来历练与成长呢？

晓哲老师有话说

“小李子，今晚我们去 K 歌吧。”

“晚上？去不了……”

“为啥啊？”

“还不是我爸妈，总和我说女孩子晚上出门不安全，不让我晚上出去和同学玩儿。唉，他们现在总是管我这儿管我那儿的，我想干嘛都要听他们的，一点儿自由都没有。”

以上这段简短的对话，你是不是觉得很熟悉？在你的生活中，你是不是时常会和你的小伙伴抱怨，你的父母对你约束太多，让你感到没有自由？你是不是会很笃定地和你的小伙伴一起憧憬着，等你长大了，就没人管你了，你就自由了？

是的，现在你还只是一名高中生，你欠缺独自在社会生活中生存的能力，在法律上你的父母还有对你抚养教育的权利。所以现在你还只能依靠父母，接受他们的管教与约束。但是，等你长大了就不一样了呀，你可以工作，你可以赚钱，你可以自己养活自己。你可以想要 K 歌就可以和三五好友通宵达旦嗨到天亮，不用时刻提醒自己父母规定的“门禁”时间。你可以想要打游戏就可以立即联网组队“吃鸡”，不用担心父母突然冲进来没收你的手机。这一切，想想都很美好，没有人再来管教你，你很自由，不是吗？

但是，这一切真如你想象中美好吗？你长大了，成年了，你就真的“自由”了吗？

小的时候，你没法赚钱，所以只能向父母伸手要零花钱。父母为了不让你养成大手大脚花钱的坏习惯，会每个星期或每个月给你设定一个限额。这是一种约束，你没有花钱的自由。于是，你会想，等你工作了，就可以自由地支配你赚的钱，自己想怎么花就怎么花。可是，你有没有想过，姑且不论将来你能赚多少，就说你有了足够的钱，你想和你的爱人共赴一次浪漫的爱琴海之旅，当你向公司提出休假申请，得到的回复却是“Reject”。所以，你有了可以自由支配的钱，却没有自由支配钱的自由时间，你还是“自由”的吗？

说到这，无论你有没有被绕晕，有些疑惑，或者仍是坚持己见，我们都有必要厘清一个概念，就是被我们反复提及的——自由。

什么是自由？美国的一个重要象征就是矗立在纽约港左手拿着独立宣言、右手高举火炬的自由女神像。在我国的社会主义核心价值观中，自由也位列其一。但是，我们今天要探讨的不是以上的这种社会层面的“自由”，我们要讨论的是个人自由。

什么是自由？也许你会说，自由嘛，就是自己想说什么就说什么，想做什么就做什么，不受任何人的约束。真的是这样吗？那些你看似完全出于个人意愿做出的决定，是不是真的不会受到任何人的影响？

周末，你和小伙伴相约逛街吃饭。当你们讨论吃什么、去哪儿吃的时候，你们会不会习惯性地拿出手机，打开某点评网寻找附近餐厅推荐，或者你的小伙伴会提议说“哎，某某餐厅现在朋友圈里很红哎，我们要不要去拔个草？”，于是你们愉快地在某推荐餐厅或某网红餐厅打卡拍照发朋友圈。

吃完饭，你们逛街 shopping。你们想去买一支口红，面对柜台上琳琅满目色彩斑斓的口红，你们会决定买哪一支呢？“最近豆沙色很流行哎”“那个谁谁谁（某明星）在 × 红书上推荐过这个颜色”“那个谁谁谁（另一某明星）之前在机场被拍到的时候就是用的这种，超好看”……“好，我们就买这一支吧。”

以上的决定，看起来都是你和小伙伴自己做出的，没有谁指定让你们吃什么，也没有专柜 sales 对你们的热情销售，这些都是你们的“自由”决定。但是，再仔细想想，你和小伙伴决定去的那家餐厅是不是因为“别人”推荐、“大家”都去而去的，某种流行的口红色号是不是由彩妆的生产销售商人为制造引领出的，而那些明星看似不经意的推荐、自己使用的背后可能都是与商家联手制造“明星效应”。

早上起床，看见窗外雾蒙蒙的，于是出门的时候你戴上了口罩，不是妈妈告诉你这么做的，而是你自己的决定。因为，你知道，外面不是雾，而是霾，PM2.5 可吸入颗粒物对人的呼吸系统有害。你的这个“知道”很专业，专业的知识帮助你做出专业的判断。然而，你的专业知识从何而来？科学家们的研究。

所以，我们所选择的东西、我们所做出的决定，都是出于某种动机、欲望或理念的指使，而这一动机、欲望或理念都会受到过去的知识、生活的环境的影响。因此，这些决定并非完全出于我们

"自由意志"的选择。即使对于那些每天要洗手上百遍的强迫症的人来说，难道不也是存在某种内部的强制力量限制了自我的自由表达吗？

为你支招

但是，如果你就此就很悲观地认为，我们人类原来并没有什么"自由"可言，那么你就成为哲学中"决定论"观点的持有者，甚至有可能陷入"一切都是命中注定"这样的"宿命论"中。然而，认同并秉持严格的决定论或者宿命论是一件很危险的事情。因为它会成为你对自己的行为不负任何责任的借口，反正这一切都不是出自我的自由意愿，不是我能决定的，所以我不需要负责任。这样的话，我们整个人类社会不是要乱了套。

那么，我们到底有没有"自由"呢？的确，就人们的选择和行为总是自身或环境的影响而言，我们是"不自由"的。但是，人类最重要的一个区别于动物的特质就在于人类具有反思的能力。而决定论和宿命论者恰恰是在一系列因果关系中忽视了"人"这一最关键的因素。

诚然我们不能避开自身或环境在过去的影响，但我们可以通过反思性的思考，在对这些影响得到更加全面和深刻的认识之后，做出更加"自由"的选择。一个很简单的例子，"龙生龙凤生凤"这样一句古语，揭示了遗传对繁殖的"决定"。但是我们都知道，现在人工干预繁殖以达到我们的某种目的已经不再是什么不可能完成的任务。在人之为人这个意义上，我们当然是"自由"的。

现在，让我们回到最初的那个问题：等你长大了，你就"自由"了吗？答案是可以肯定的，但这有一个前提，那就是伴随你的成长，你接受了更多的教育，获得了更多的知识，拥有了更多批判性思考和独立判断的能力，你才有更多选择的可能，你也才会有更大的人所独具意义上的“自由”。

哲学知识小贴士

自由与决定论

（1）决定论（或强决定论）：每一个事件都有原因（包括人的思想和决定），且完全由自然定律所支配。我们既不是自由的，也不必为自己的行为负责。

（2）非决定论：并不是每一个事件都有原因。有些事件是自由的，人的决定可能就是如此。

（3）相容论（或弱决定论）：决定论是对的，但这并不意味着我们不自由，也不意味着我们不必为自己的行为负责。

（4）自由意志论：人的选择是自由的，而不是由先前的原因完全决定的。

最亲密的陌生人

我第一次住宿，是在六年级。

小升初时，父母为了让我受到更好的教育，煞费苦心把我送入一所寄宿制民办中学。那是我第一次离开父母，接触室友。

室友关系是一种很奇妙的关系：彼此间互不相识，却要在一夜间因为同住一间寝室而成为最亲密的人。很多年后我才明白，室友间的关系是一种存异，而不是求同。你们可以有着不同的生活习惯，只要不影响到对方就好；你们也不一定非要成为好朋友，做连体婴儿。因为你有权选择谁来成为你的朋友，却少有机会来选择谁来成为你的室友。

可六年级的我又怎么会明白这个道理？

当时的室友是一个很独立、性格也很好的人。所以我以为，我们应该成为很好的朋友。我仿照着电视剧中的那样，每天一起上学，一起放学，一起吃饭，一起睡觉，努力讨好她，想和她成为朋友。这是一种很复杂的情感，既怕得罪别人，又不想委屈自己。所以那段时间，我过得很憋屈。终于，各种大大小小的矛盾被串联起来，我们吵了一架，四年中唯一的一架，很凶的一架。

或许那个很凶只是对我而言，因为我记得她在我发完火后，十分平静地告诉我："不是所有人都能成为朋友的，你也不用费心地去讨好身边的每一个人。"

那是我和她相处的四年中，她教给我的最最宝贵的一课。

就在前不久，我刷朋友圈时看到她说她已经拿到国外心仪大学的 offer，才后知后觉地给她发了祝福消息。虽然内容无外乎恭喜二字，但我知道，那是我最最真诚的祝福，至少比初中时每天围在她身边、费心地想要和她成为好朋友要真诚得多。

她几乎是秒回，内容却也只有谢谢二字。

那是我和她从毕业后，除节假日群发祝福外，唯一的交集。

我还记得她给我的同学录上的留言："彼方安好，则舍也安。"

如果在和室友相处的过程中，我尝试用矛盾分析法来分析问题，故事的结局会不会有所改变？

晓哲老师有话说

看了这位同学的故事，我要给她点赞。在六年级的年龄就在学校寄宿并开始与室友相处，着实不容易。晓哲老师自己是到大学才开始学习和室友相处的。与室友的关系虽然也是同学关系，但是很特殊，室友之间既是一起学习的同学，更重要的是还在一起生活。距离感会更近，容易亲近，也容易摩擦，直接影响到自己的情绪。而且在这么低龄就开始处理与室友的关系，困扰可能会更多，但对她未来的人际交往会有很多益处。更令我欣喜的是当高中生学了哲学后，对当时的经历进行反思，希望能有一个更好的解决问题的方法。

哲学中的矛盾是什么呢？事物自身包含的既对立又统一的关系叫做矛盾。对立就是相互分离的倾向和趋势。差异就是对立。住在一个宿舍的同学，来自不同的家庭、有自己的个性、有各自的学习习惯、生活的习惯也不尽相同，这在哲学上就是矛盾对立，而仅仅认为"很凶的吵架"才是矛盾。因为有差异，所以矛盾在所难免。但矛盾的双方是在一个统一体中的，室友们都在寝室生活，相互依存，如果能互相关怀、互相激励，那寄宿的生活是非常美好的。

为你支招

关于室友问题也是最近几年社会上面开始关注的事情，因为在之前有一些高校都发生过室友之间不和而闹出人命的事例，最近几年在这方面加紧了重视，学校做了更细致的工作，有些高校在新生入学前，会给学生做问卷，了解学生的情况，试图把生活习惯相近的学生放在一个寝室等等，这些都是改善室友关系的方法。

那作为你该怎么做呢？矛盾是客观存在的，但是能不能通过你的努力让这个矛盾体处于平衡的状态呢？想来室友关系的关键词是和谐。并不奢求和每个室友都成为挚友，但是如果相安无事，其实已经是一个完美的状态。在寝室生活里更要强调礼让他人。《礼记》里面的一篇关于饮酒礼仪文章里的有这么一句："君子尊让则不争，絜敬则不慢，不慢、不争，则远于斗辨矣。不斗辨，则无暴乱之祸矣。"① 意思是尊重礼让、行为守规矩、表达敬意，是有修养的人在对待他人时所采用的方式。有修养的人做到尊重礼让，就不会与对方产生争执；有修养的人做到行为守规矩、随时表现出敬意，就不会轻慢对方。不轻慢对方、不与对方发生争执，这样就不会与他人产生言语或肢体上的冲突。在寝室生活中特别要重视"礼之用，和为贵"②，避免故事中的"很凶的吵架"。在宿舍里吵架和教室里吵架大家可想而知是不同的，教室里可以一走了之，距离比较大，宿舍里则不行，大家还是要在一起生活，所谓的低头不见抬头见啊！当然这只是生活中的琐事。如果是损害了你的利益，或者说是大是大非的问题，那最好的办法是找个同学做中间人，大家好好谈谈，避免发生争吵，可能第三方的介入，会化解一些矛盾。也可以把大

---

① 出自《礼记·乡饮酒义》。

② 出自《论语·学而》。

家态度表达清楚。

哲学知识小贴士

任何事物都是一个矛盾统一体，都是包含正反两个方面，对立统一是自然界、社会和人类思维中的普遍现象。对立统一学说是唯物辩证法的实质和核心。中国古代辩证法思想萌芽很早，西周初期的《周易》就有关于对立、统一、互相转化的观念。老子集前人的哲学思想之大成，提出了朴素辩证法思想。留下这样的名句："有无相生，难易相成，长短相形，高下相倾，音声相和，先后相随。"①"祸兮，福之所倚；福兮，祸之所伏。"②高中生可以去阅读《道德经》及相关解读的书籍。

① 出自《老子》二章。

② 出自《老子》五十八章。

第3讲　如何面对社会

借宿成为客栈

外地来的亲戚想来借宿怎么办？

对于这个问题，网友们各执一词，还有人笑说："为什么以前没出现过这种问题？那时候过年，互相串门留宿不是很常见的事吗？"窃以为这说法有点问题。交通条件紧跟着时代快速进步，在那个交通较为闭塞的年代，外地来的亲戚必然是稀客，谁会恶意揣测他们是专程来主人家里占便宜呢？更何况，那时候，即便有人不满亲戚借宿，也难以在网上传播。所以对这个问题的评价还是抓住时代比较合适吧。

再回到对这个问题的争论。

一方网友认为这造成诸多不便，应当拒绝亲戚的借宿意愿。家里突然多了"成员"，是容易造成各种矛盾冲突、打乱原本的私密空间的。以房主是一对夫妻为例，这位来客亲戚一定是丈夫或者妻子家的亲戚，那么夫妻中的另一位应该怎样把握待客分寸？如果这位亲戚请求长期借宿，又能否要求他/她一起处理家务？

另一方网友认为，既然是亲戚就应该以情相待，让对方和自己家庭一起住也能其乐融融。如果拒绝，会显得自己不近人情、为人冷漠，伤到亲戚的心。那么，面对想来借宿的外地亲戚，我们究竟该怎样做呢？

晓哲老师有话说

晓哲老师在这里先和大家分享一个自己的经历。晓哲老师因为酷爱运动，多年的运动习惯导致膝盖受损，严重的时候站立时间久了都会觉得十分疼痛。有一次晓哲老师出外坐公交车，当时正好处于膝盖炎症比较明显期间，所幸上车的时候有一个座位坐下了。过了两站，上来了一个老阿姨带着她放学的小孙女站在我旁边。此时车上已经人满无空座，这个时候，两个小人在晓哲老师的脑子里打起了架“快点让座啊”——“不能让，还有好几站才下车，站久了膝盖受不了。”——“那也不行，尊老爱幼是传统美德，你应该让座。”——“那也得看具体情况啊”……

对话的这两个小人是谁？其实我们都很熟悉，我们每个人身上都有这两个小人的存在，他们会时不时地跳出来争执。

——“这两块巧克力都很好吃的样子，我都想吃哎。”

“不行，我们应该要学会分享，快给你的小伙伴分一块。”

这两个小人一个代表的是你自己的利益，而另一个反复提到一个词“应该”，它所代表的就是道德。我们从小就被告知应该做什么、不应该做什么，我们应该怎么对待他人，这些应该与不应该就是伦理、道德对我们的约束。道德是一套指导我们行为的原则或准则，是人类独有的关注对象。人类对道德准则的制定和道德境界的追求，就是为了能够获得更加良好的生活。因此，对道德的思考与追问历来就是众多哲学家孜孜不倦以探求的。在德国著名哲学家康德的墓碑上就镌刻着人类思想史上最熠熠生辉的名言之一：“有两种东西，我对它们的思考越是深沉和持久，它们在我心灵中唤起的惊奇和敬畏就会日新月异、不断增长，这就是我头上的星空和心中的道德定律。”

关于道德，不仅仅是简单的应该与不应该。对道德的思考越深入，就会有越多的疑问：为什么要依据道德行事？这些道德原则或准则就一定正确吗？有没有真正的道德？之前提到的常常吵架的两个小人就是关于道德的核心问题之一——利己与利他。

道德是人类社会的行为准则，一个道德行为的背后，其动机究竟是出于他人利益的着想还是自我利益的考虑？

在晓哲老师的经历中，晓哲老师还是让座了。但是，坦白说，晓哲老师让座更大的原因在于如果不让座，我的良心会感到不安。瞧，一个看起来完全是尊老爱幼的道德行为背后，其动机还是出于对自我的考虑。这样的事例其实并不鲜见，例如一位商业人士的慈善捐款，既可能是为了获得好的名声以将来扩大他的商业版图，也可能是出于他的"商业原罪"的赎罪。即使是很简单的"助人为乐"，在帮助别人的过程当中自己感到快乐，不也是为了自我的满足吗？人的价值在于通过自己的活动满足社会、他人和自己的需要。

这样的说法是不是有些颠覆你的日常认知，或者让你难以接受？难道就没有纯粹出于他人利益考虑的道德行为吗？即使在帮助别人的过程中我获得了快乐，这种快乐并不是我预期的，它不能成为我"助人为乐"这一道德行为的动机。所以，一些道德哲学家认为，人们应当为了他人的利益而行动，这样才能增进整个人类社会的福祉，当一个人主动为他人、社会付出心血和劳动，满足社会时，同时也获得相应的劳动报酬，得到社会对自己价值的承认，实现自我满足。

为你支招

在中国这样一个深受儒家文化影响的社会中，亲情伦理尤其重要，由此也产生了许多和陈同学类似的困扰。陈同学可以选择热情接待借宿的亲戚，因为亲情是人与人之间联系的一条重要纽带，亲情的维系需要以诚相待，即使需要牺牲一些自己的利益；陈同学也可以选择婉拒亲戚的借宿要求，因为借宿毕竟会介入到他人的生活空间，这对他人的隐私和权利是某种意义上的侵犯。这两种选择其实没有对与错之分，它们只是在不同价值观指导下的决定（并且这两种价值观都有其合理性）。生活中很多事情并不是非此即彼、非黑即白的，涉及道德的事情尤其如此。“电车难题”虽然只是一个思想实验，但却是我们生活中很多两难选择的集中反映。

对于正处于高中阶段的同学们来说，最重要的是在独立思考的基础上形成自己的价值观。当然，价值观总是有善恶倾向的。无论我们对道德内涵与外延的探讨产生怎样的分歧，我们都有一个一致的信念，即我们总是期盼人类对道德的追求能够给人类带来更大的福祉。所以，我们每个人也许都应该如康德一般，在心中对道德形成敬畏吧。

哲学知识小贴士

“电车难题（Trolley Problem）”是伦理学领域一个非常著名的思想实验：五个无辜的人被一个疯子绑在了电车轨道上。就在不远处，一辆电车朝他们驶来，片刻之后就会碾压到他们。这辆电车已经失控，幸运的是，你可以拉动一个拉杆，电车就会开到另一条轨道上。但与此同时，那个疯子在另一个电车轨道上也绑了一个人。这个时候，你会不会拉动拉杆？

做出拉杆判断的人，基本上是基于一条命与五条命的比较，五条命大于一条命，所以拉杆。这是典型的功利主义视角。对于功利主义者来说，“善”和“恶”本质上只有量的差别而没有质的差别，功利主义者的原则就是“为了最大多数人的最大利益行动”。

然而，这一个人的生命难道不是生命吗？生命可以这样简单量化吗？因此，功利主义哲学这种快乐原则常被指责为粗暴庸俗的原则，其中最重要的缺陷就在于它忽视了个人权利。

对于电车难题，同学们，你们怎么看？

当今一些家庭中的“洋务运动”

现如今总有一部分家长对中国教育极其不满，其大多数仅口头夸赞国外教育，但更有实践于行动的——自行以这种教育方式代替学校教育，只是有些方面似乎却有点画虎不像反类犬。

在我的空手道课程中就有这样一位小男孩，他处于上小学的年龄，但却是由其父母在家中进行教育的。一口流利的英语，休息时看英语节目（不是针对儿童的）作为消遣，都让我不得不佩服。然而其父母的“欧美式”的教育方式似乎也带来了一定问题。首先课程中会经常打断教练，对其指令提出质疑，且大多数质疑太过无理取闹，对他人的上课情绪以及进度造成了一定影响。且不知是否因为是在家中学习，被父母保护过度，极其不能吃苦，轻微的肌肉酸痛、被打击的疼痛都会直接打断课程提出抗议，甚至与其他学员争吵。在同龄人中也显得十分不合群。另一方面会出现脏话等无礼行为，我认为也是教育上出现了一定问题。外国教育方式的确有值得我们学习的地方，这样的教育尝试也未尝不可，但就像一百多年前的洋务运动，英语流利、可听懂不少有一定难度的口语都是确切的利益。国外教育是对我国几千年沿袭的传统但不无落后的教育方式与内容的一种极为有效的补充。家长由此指导孩子课余学习武术以达到强身健体的目的也无可厚非。但是教会孩子的是无礼，却不是更好地开放思维、批判思维，不仅无根无本，更是有很不好的影响。当今家长的这一类对我国教育的盲目否定与对国外教育的“学习”与尝试，对于孩子今后的人生来说却该是一个很大的问题。

晓哲老师有话说

我们国家的改革开放以来，资讯非常发达，世界上的很多东西都会流入我们的社会生活。教育也不例外，国外教育进入中国这是一个必然。到底怎么看待国外教育，怎么学习和借鉴也是教育界研究内容。出现小男孩的现象，原因大部分来自家长，但教育是全社会的问题，我们该思考怎样对待各国文化？非常庆幸高中生已经开始关注这个问题，他们从受教育者跳出来，分析问题的所在，这值得点赞。

否定之否定规律是哲学的基本规律之一。黑格尔在《逻辑学》中首先提出来的，恩格斯则将它从《逻辑学》中总结和概括出来。看到否定这个词，就会认为是一事物另一个事物的排拒或毁灭。故事中家长就是犯了这个错误，全盘接受了西方教育，而排斥了本国教育。辩证法中的否定，不是单纯的否定，也不是任意的否定，而是作为联系环节，作为发展环节的否定。对中国教育我们要从发展的过程中确实需要自己否定自己，自己发展自己。孔子时代的教育到当下的教育确实有很大不同，那就是教育自我否定的过程。就在当下的教育，我也要分析本国教育和其他国家教育的优缺点，如果都是缺点，想来也不会引起很多西方国家到中国来学习教育了。所以对西方教育我们要本着汲取和改造方法，而不能照搬全抄。

否定之否定规律还有另外一个名字叫辩证的否定，也就是不是简单地肯定一切，也不是简单地否定一切，而是既肯定又否定，既克服又保留，克服事物消极的因素，保留事物中合理的因素。① 如

① 国家教材委员会：普通高中教科书　思想政治　必修4　哲学与文化［M］. 北京：人民教育出版社，2019：34。

对西方教育的接受也应该本着这种精神，西方教育的优点是注重学生的探索与实践，重视学生适应社会生活能力培养；在教学方法上更多地让学生自主思考、自主探究，注重学生自己发现自己的特长，给学生的自由度比较高等等。但是否都值得中国学习，答案肯定是否定的，当自由到了一定程度，可想而知就出现故事中小男孩的状况，不尊重规则、不尊师重道等等。故事中的家长如果不重视去改变做法和理念，想来这个孩子的未来真的令人担忧。故事中学习日本空手道，作为锻炼身体、磨炼意志的方式，也是正确的。但是家长疏忽了我国的传统美德教育，直白点说，是疏忽了必须拥有的家庭教育与教养这个环节。那就不利于孩子的成长了。

为你支招

高中生已经开始不仅仅看到纷繁复杂的现象，而且已经试图从现象中分析背后的本质。就可以用辩证的否定的方法论去实践。

首先，高中生对知识要认真学习，其实专家或权威往往比普通人更能准确地揭示事物的本质和规律。未来能真正的提出质疑，就要把现有的知识掌握好。有些同学还没有好好学习，就说这个理论有问题，往往是站不住脚的，当你对这个理论有了比较全面和深入的认识，提出质疑的观点才更有价值。

其次，高中生要有质疑精神。南宋朱熹说："读书无疑者须教有疑，有疑者却要无疑，到这里方是长进。"意思是开始读书学习的时候，一定要能发现问题，提出疑问，并在学习中解决它，最后达到所学习的都没有疑问了，这才是真正长进了。明代陈献章说："前辈谓学费知疑，小疑则小进，大疑则大进。疑者，觉语之机也。一番觉悟、一番长进。"意思是学习贵在善于思考，心存怀疑，你有小的疑问和困惑（并去思考），就会有小的进步；你有大的疑问和困惑（并去思考），则会有大的进步。怀疑这东西，是觉醒领悟的基础。但前提是在尊重教材、尊重老师的基础上，要大胆地提出自己的看法。试想如果大家都认为权威是说得对，没有质疑精神，那么人类怎么可能进步呢？权威不可能永远是对的，永远不会错，真理的探索永远在路上。所以中学生还是要积极思维、不断地进行理论和实践的创新和发展，推动社会的进步。

哲学知识小贴士

辩证法有三大规律，即对立统一规律、质量互变规律、否定之否定规律。列宁说过：辩证法的特征和本质的东西并不是单纯的否定，并不是任意的否定，而是作为联系环节、作为发展环节的否定，是保持肯定的东西的，即没有任何动摇、没有任何折中的否定。①

任何事物都要经历肯定、否定，再到否定之否定的辩证发展过程。辩证的否定的实质是扬弃，通过克服旧事物中过时的、消极的内容，保留其中积极合理的因素，即自己否定自己，自己发展自己。辩证的否定是联系和发展的环节。②

① 国家教材委员会：普通高中教科书 思想政治 必修4 哲学与文化［M］. 北京：人民教育出版社，2019：35。
② 国家教材委员会：普通高中教科书 思想政治 必修4 哲学与文化［M］. 北京：人民教育出版社，2019：34。

当市政建设工程遇上“钉子户”

近日，一则新闻引起了我的注意。在上海地铁10号线二期浦东段的一处施工工地旁，一座民房显得异常注目。这座民房的房主因索要巨额动迁款未果，拒绝迁出，导致施工暂缓。我不禁扪心自问：当市政建设工程遇上“钉子户”，该如何是好？

随着上海城市化进程的不断加快，交通、居住、环境等城市问题日益凸显。为了减缓巨大的交通压力，适应土地空间结构的调整，构建良好的城乡体系，大量路政、绿化、住宅工程兴建，随之而来的便是旧城区大面积的改造，例如20世纪90年代建设成都路高架以及延中绿地时大规模拆迁等等。这一系列举措使得上海城区摆脱了“脏、乱”的帽子，在一定程度上改善了交通状况，为上海进一步发展积蓄了力量。

然而，“钉子户”的出现严重阻碍了城市化进程，迫使重大民生改造工程无法正常启动。除此之外，他们还对市容环境造成影响，损害了上海的城市形象。这样看来，“钉子户”百害而无一利。

但换个角度看，“钉子户”也有他们自己的无奈与苦衷。就以建设地铁引发的动迁为例，对于动迁安置户而言，他们本该享受到该地区通地铁所带来的利益，却被告知要搬离此地，去交通相对不便的城郊地区生活，相信无论换作谁，心中总免不了一丝失落。这种心理上的不平衡往往加剧了冲突与矛盾，促使“钉子户”问题的产生。

“钉子户”问题由来已久，并且仍将长时间地存在着。当“钉子户”的个体利益与社会公共利益相悖时，如何用哲学的角度看待双方之间的矛盾？又该如何处理矛盾，使得双方互利共赢，达到一举两得的效果呢？

晓哲老师有话说

钉子户，《现代汉语词典》的释义是：“难以处理的单位或个人，多指由于某种原因在征用的土地上不肯迁走的住户或单位。”2015 年，英国《每日邮报》曾刊登过一篇关于江苏无锡钉子户的报道，报道称因为机动车道、火车站等城市建设，需要部分市民为城市发展而搬家，虽然政府对居民有补偿款，也有一系列的保护政策，但当地钉子户认为远远不够，为了能得到一笔可以明显提高生活质量的金额，他们选择了“坚守阵地”。中国这些年的发展中，像无锡、上海这样钉子户拖后腿的事例屡见不鲜。比如，武汉汉阳区“市五”医院门口马路中间的副食店、浙江温州甬台温高速复线上的危房、广州洪德立交桥的圈中楼。其实，钉子户并非中国特色。上网一搜，我们会发现美国、英国、德国、日本、俄罗斯等国家也都有钉子户（Nail house），这些外国钉子户与政府或开发商对抗的顽强程度比起咱们国内甚至有过之而无不及。细数世界上最牛的钉子户，不能不提日本成田机场的钉子户。这个日本第二大机场自 1978 年正式运营开放至今，因为“钉子户”问题，相比计划之初规模缩小了很多。套用一下 2019 年初上映的电影《流浪星球》中大火的那句话，城市发展进程中真是“建设千万条，顺畅第一条；钉子没解决，拆迁两行泪”啊！

面对城市发展中所遇到的问题，特别是政府为主导的民生改造工程、公共设施建设工程中的“钉子户”问题，我们该如何作价值判断？显然，这一问题让这位同学陷入了两难。我们身处的这个纷繁复杂的社会，从来都不是非黑即白。正如这位同学所说“钉子户”的出现会严重阻碍城市化进程，迫使重大民生改造工程无法正常启动，而且对市容环境也会造成影响，破坏城市形象，有损社会公共利益。但从“钉子户”的立场上看，他们对居住地的眷恋，抑或是对个人利益的诉求和维护也不是一点道理也没有。在价值问题上，人们往往是以自身的需要为准绳去衡量客体的价值。地铁 10 号线二期浦东段的完成，是未来浦东建设和发展的需要，也是方便杨浦和外高桥地区百姓出行的迫切需要。因此，对这些主体而言，地铁 10 号线二期工程应该是一件非常有价值的利国利民的好事。对于因为工程不得不拆除自家房屋的人们而言，有的可能会因为终于盼来居住条件改善而欢天喜地地搬走；有的可能愿意搬走，但不满足于拆迁赔偿金额；还有的可能就是不愿意搬走，跟拆迁赔偿多少无关。对后两者而言，地铁 10 号线二期工程可能是一件价值小，甚至是负价值的事。你们看，对同一客体，主体不同，其需要不同，所作的价值判断也是不同的。在多样、差异的价值判断中，有相互契合的，但也有相互对立、冲突的。“钉子户”便是在这种相互对立、冲突的价值判断之后，由个别人所作出的价值选择。

为你支招

差异是社会存在的客观现实，多样是社会发展的必然趋势。所以，不同的价值判断必然客观存在。无视这种客观性和必然性，用简单粗暴的方式去扼杀多样、差异的价值判断，那不是社会的进步，而是社会的倒退！一个社会对钉子户的看法和包容程度，从一个侧面反映了这个社会对主体利益多元化的承认、对不同主体之间平等地位的尊重，以及对不同价值判断的理解。面对“钉子户”的存在，我们可以试着学会宽容、尊重和包容人们在道德认知、价值观念、思想境界上的差异性和多样性，那些能为大家而舍小家的先进模范值得我们每一个人尊敬和学习，但我们也要照顾多数，并兼顾少数，营造多样共生、和而不同的社会氛围。在民生改造、公共设施建设等市政工程中，政府、拆迁户、施工方其实都是为了美好生活需要的实现，三者的根本利益是一致的，地位是平等的。当个别拆迁户与政府、施工方出现矛盾时，彼此多一点宽容，有利于大家寻求利益的平衡点，辨识事物发展的正确方向，有利于在多元化、多样化的基础上达成共识、实现和谐。当然，宽容并不等于无原则地妥协让步，政府、拆迁户、施工方自始至终都应该在法治的框架下主张自身的权利，合情合法地在寻求各方诉求的平衡点中找到一条能兼顾公众和个体利益的解决方法。对于暂时做不通工作的钉子户，那么就留给时间和实践去解决……音乐不正是因不同旋律的组合才变得美妙，生活也会因不同色彩的组合变得丰富多彩！2011年11月，中共上海市委九届十六次全会就曾提出要结合上海历史文化积淀和现阶段发展实际，积极倡导“公正”“包容”“责任”“诚信”的价值取向。① 就让我们一起期待着上海地铁10号线二期建设中的钉子户问题得到妥善解决！

哲学知识小贴士

人们从事各种实践活动，同各种事物打交道，要不断进行价值判断和选择。对事物能否满足主体的需要及其满足的程度作出判断就是价值判断。人们的价值选择是在价值判断的基础上作出的。

各种价值判断和价值选择都不是凭空产生的，而是社会存在在不同人的头脑中的反映，是在社会实践的基础上形成的。人们的社会地位不同、需要不同，价值判断和价值选择也是不同的。不同的

---

① 蔡富军．九届市委十六次全会全面部署推动上海文化改革发展　倡导“公正包容责任诚信”价值取向［J］．上海支部生活，2011（12）：10—11。

人对同一事物可能作出不同的价值评价。这就要求我们明确价值判断和价值选择的标准，分辨什么是对的、什么是错的，应该怎么做、不应该怎么做。①

① 国家教材委员会：普通高中教科书　思想政治　必修 4　哲学与文化［M］. 北京：人民教育出版社，2019：77—78。

当昔日荣华褪去

我所在的高中门口的书报亭经过了一年断断续续的营业，于去年9月正式拆除。无论是原来在小区周边还是商业区街道上的报亭，这些年都已陆陆续续被拆除，现在书报亭实在难觅。

在我看来，书报亭对于没有太多时间坐在书店里面翻阅、享受书籍的人来说是一个很不错的便民设施。比起线上媒体可能的诱导性，纸质媒体较为中立，如今的人们大量接受碎片化的信息，对言语的负责度下降，这个社会需要稳重的媒体作为根基，而书报亭就是最直接的媒体宣传平台。

虽然对于我来说，书报亭并不是生活的必需品，我也仅仅是路过时的偶尔购买者，但是根据我目前为止亲身经历过的调查，我发现还是有许多需要书报亭的人，他们中有些已经把光临书报亭看作是一个日常习惯，老人们与书报亭经营者的几句家常也实在可爱。

其实书报亭并不代表它自己，随着当今时代的发展，无数像书报亭一样的“旧时代”事物也在接受消亡的考验。“消灭了一个城市的个性，差不多就等于是消灭了这个城市的记忆。这样的城市无论多么繁华，对于它的客人都丧失了学习和欣赏的价值，对于它的主人也丧失了家的意义。”① 归根到底，书报亭昔日荣华的褪去，也是一个时代历史记忆，一个城市个性文化的消逝。拆除，究竟是不是书报亭最好的归宿呢？优化亭址、制定长效合法机制、合规管

---

① 《周国平自选集》[M]. 周国平　海口：海南出版社，2004-05。

理、加强政府部门管理力量、突破经营范围、推出新设计……在时代起承转合的点上，其实我们并不是束手无策的，如何守住荣华，还需要我们不断地探索、思考。

提问：是否书报亭应该就此消亡？我们要用何种态度对待荣华褪去后的事物呢？

晓哲老师有话说

很欣赏你能提出这个问题，对于我们的生活变化，你并非熟视无睹，而是留心关注，着意观察，善于提问，积极思考，这非常值得肯定和鼓励。

但是，“是否书报亭应该就此消亡？我们要用何种态度对待荣华褪去后的事物呢？”这并非一个简单的问题，可以直接回答。相反，这是个非常复杂的问题。

首先第一个应该思考的角度在于：我们为什么要去判断一个事物是否应该就此消亡？有没有必要思考这个问题？思考这个问题有什么意义？为什么不能或者是否应该顺其自然？

判断，属于人的理性认识。认识的目的在于——实践。实践是人能动地认识或改造世界的活动。

人是具有主观能动性的，在实践中形成的认识终究是要回到实践中去的，因此，如果判断书报亭应该消亡，则可以坐视不理、顺其自然，甚至主动推动加速其消亡进程；如果判断书报亭不应该消亡，则就要积极主动，加以拯救，延缓、阻碍、终止其消亡进程，乃至让其焕发新生，正如你所说的：“优化亭址、制定长效合法机制、合规管理、加强政府部门管理力量、突破经营范围、推出新设计……”

所以我们需要观察、思考和判断。同时也要善于观察、思考和判断。

第二个应该思考的角度就在于：书报亭是否应该消亡？

世界是发展的，新事物层出不穷，旧事物也终究灭亡。新陈代谢是世界运行的规律。“书报亭是否应该消亡”取决于书报亭是新事物还是旧事物。新事物必将诞生和发生壮大，旧事物必将走向衰弱和灭亡。

诞生于20年前的东方书报亭到底是新事物还是旧事物？我们需要了解它的产生、发展与现状——

东方书报亭的产生：源于上海市政府提出的4050工程，书报亭营业员这样的岗位成为政府解决他们再就业问题的途径之一。1998年11月，东方书报亭作为一个新鲜事物出现在了上海的街头，而且也成为了这座城市一道独特的风景线。东方书报亭，曾经被誉为“城市衣襟上的鲜花”。

发展与现状：除了乱占道、影响市容和交通的罪名，东方书报亭的经营本身也陷入了困境。2015年上海第十届人民代表大会上，不少代表建言要加强书报亭的管理，表示书报亭开始售卖饮料、冷饮等小买卖，超出了经营许可，且霸占狭窄的人行道。在互联网迅速发展的时代，电子书、自媒体、网购都几乎可以替代书报亭的功能。书报亭没有之后，报纸可以线上看，杂志可以网上买，买纸质书可以去亚马逊或者当当网，各类微信公众号还能提供许多我所感兴趣的文章。倒是寄收快递的地点少了一个。

人对于新事物需要认识、适应，然后才能逐步认同和接受，对于旧的事物，却因为习惯使然，总有留恋和维护。然而并不是所有旧的事物，都是需要被抛弃和淘汰的。所谓“旧事物”，并不是“旧的”事物，而是指同客观规律背道而驰，正在日趋灭亡的东西。有部分旧的事物，是需要淘汰并被新事物取代的，这些就是“旧事物”。而社会领域内所谓的符合客观规律的新事物，应该就是符合社会成员和社会发展的需求。①

举个例子说明：比如说旧车，有的虽然已经旧了，但车辆维护良好，而且是达到排放标准的车，当然应该继续保留和使用。有的没有维护好，线路等东西开始老化，发动机的效率减小，更加烧油，从而产生的二氧化碳也会更多；又或者本来就达不到汽车尾气的排放标准的汽车，环保起见，这样的车就应该被淘汰。在是否应该淘汰旧车这个问题上，我想，产生的分歧并不多。然而家里的车到底是属于哪种情况，不懂车的人却并不能清楚判断，矛盾和争议往往从此而来。东方书报亭也是如此，但是根据我目前为止亲身经历过的调查，我发现还是有许多需要书报亭的人。社会各方也在积极地进行改革：上海东方书报刊服务有限公司推出了一种新型东方书报亭，在静安区进行试点。而在实地探访中发现，报道中提及的这座位于常熟路长乐路口的新型东方书报亭早已经被拆除。

主要矛盾就在于，新旧事物很难被认识和判断。社会成员和社会发展的需求，很难都被发现，更很难都被满足。

为你支招

书报亭是应该被淘汰还是被保留，即判断一个事物是否应该就此消亡，需要对这个事物的起源、发展、现状、未来做出综合性的调查研究，在此基础上，才能加以判断。

然而：时代在发展，书面文字阅读在逐步减少和淘汰，不熟悉网络便捷性的老人们的读报需求，书报亭位于街头巷尾，能提供信息流通和获得最大的便捷性……这些都需要全面地去看待和思考。

---

① 国家教材委员会：普通高中教科书　思想政治　必修4　哲学与文化［M］. 北京：人民教育出版社，2019：33。

甚至于不同的人，从不同的立场、不同的角度去看，答案可能完全不一样。怎么办？

对“荣华逝去”的旧事物，是完全抛弃、完全遗忘，或不忍、拒绝回顾，甚至厌恶？对已经不符合社会发展需求被淘汰的社会领域的旧事物，是否还需要调查、研究，甚至推陈出新？

从来没有从无到有而“产生”的新事物，任何新事物都是在“扬弃”旧事物的基础上产生的。遗忘过去的实践，某种程度上，也是浪费曾经的努力。已经被淘汰的旧事物也需要被研究和正视，正如每一段历史都值得珍惜、研究，那些曾经被重视和满足的需要及其所属社会群体也需要探索是否需要新生事物去满足或兼顾。

很高兴你的课题《推陈出新，点燃上海文化新亮点——“海派文化亭”研究与方案设计》获得上海市青少年创新大赛二等奖。一年前，专家老师一口否决说“书报亭就应该被淘汰，这个课题没有研究价值，你应该换课题”，而你坚持住了，因为你想知道这个问题的答案，你觉得书报亭不应该简单灭亡，她依然有着存在的价值，有着需要她的社会群体，通过研究、调查与实践，你不断地提出新的方案，虽然一次一次被否定……钦佩你的眼泪和坚持。

你的研究完成了，书报亭是消失了，但在书报亭之后可以产生新的“文化亭”。然而“文化亭”方案能否实现，是否又会失败？这又是新的问题，是否需要新的实践……是的，就是这样，一个问题接着一个……生活没有标准答案，省略号就是答案。

当“荣华褪去之后”，我们应该在继承旧事物合理因素的基础上，探索新生事物的诞生。然而是否能成功呢？

任何新生事物的实践，都有可能面临失败。

莎士比亚戏剧《哈姆雷特》中的名句“To be，or not to be，that is the question.”这句话常常被译为：“生存还是毁灭，这是一个问题。”可是读了莎翁的全文，你就会知道，其实这里是为与不为的问题。为之则要承担痛苦和责任，活着是一件辛苦的事情；不为则可以免于痛苦，但不为其实就是死亡。

未知恰是生活的价值和美丽所在，也是我们生活追求的意义所在。

哲学知识小贴士

辩证唯物主义认识论告诉我们，人们对一个事物的认识往往要经过从实践到认识、再从认识到实践的多次反复才能完成。从实践到认识、从认识到实践的循环是一个波浪式前进或者螺旋式上升的过程。

与时俱进，开拓创新，在实践中认识和发现真理，在实践中检验和发展真理，是我们不懈的追求和永恒的使命。①

---

① 国家教材委员会：普通高中教科书　思想政治　必修 4　哲学与文化［M］. 北京：人民教育出版社，2019：56—57。

机器·人

近些年来，各大领域的人工智能层出不穷：翻译员、打字员、新闻播报员……已经实验成功并投入使用。剑桥大学有研究员利用数据体系分析了 365 种职业在未来的“被淘汰概率”，其中，电话推销员、打字员、会计、保险业务员、银行和政府职员、接线员、前台、客服这些职业的淘汰率高于百分之九十。机器人主要可能会替代的就是比较重复性的工作，不需要很复杂的认知和能动性，只需要大量的训练就可以达到的工作。

所以越来越多的人提出疑问：未来可能有大量的职业消失，作为家长，到底该为孩子的未来准备什么？曾经有针对性为孩子们准备的工作能力到底会不会在未来一无是处？

我们不妨先把这种能力称为“应试能力”。拥有这种能力当然也有好处。孩子从小到大各种考试，都需要应试能力。这一定程度上决定了是否能迈入我们所谓的“好学校”。但人生就只有工作吗？ 25 岁之后能决定一切的是人生的能力。

父母真正应该培养的是什么？并非学会如何进行复杂的演算，也并非学习死板的知识，而是培养一种人文精神、思考能力与审美情趣。父母需要树立正确的价值观、人生观、世界观，要让孩子懂得如何做人。因为人与人工智能最大的区别就是思想。

在面对如此一个高速发展的科技时代给人类的巨大挑战时，我相信一定有职业永远不会消失，只要人类还在地球上生活。因为总有些东西是人工智能代替不了的。那便是人的思想。譬如艺术类和心理类以及一些需要人的主观性来操作的职业。有很多人包括报道都写到医生的消失可能，但我却不希望这会出现。比起冷冰冰、准确度高的探测仪，我更希望有人与人之间的交流。

然而，以上所假设的仅仅是基于人工智能不存在人类的思考、情感的前提之下。许多国外的影视作品已经假设了人工智能不断进化、拥有人类思想的“未来”。越来越多的人困惑起来：这会不会就是真实的未来?

晓哲老师有话说

我想从三个方面来回答你的问题。

第一个方面，目前人工智能的发展迅速，是否会危及人类自身的就业?

随着科技进步，多少传统产业消失了，但新的产业总在产生，相关领域的就业问题虽会有阵痛，但路途会光明。这是因为人具备积极主动的创造力，总会有新的产业、新的工作机会产生。

真正令人担心的，一是今天的教育是否过度重视对未来的准备，而忽略甚至放弃了对能带来、产生、激发人自身的主观能动性、创造性地——生活“乐趣”、学习“兴趣”的呵护和引导。

正因为有了人的主观能动性，人才能积极主动地认识世界，进而改造世界。因此主观能动性的培养，是至关重要的。过度重视发展过程中的成功，却并不关注“创造”的过程本身，无视“失败是成功之母”的发展路径。不敢或不能失败，是不可能踏上真正的创造之途的。而创造力不足会使得社会发展停滞，旧有的工作岗位被人工智能取代后，没有新产业新工作的产生，大部分人就会陷入失业，引发严重的社会问题甚至危机。

二是过度重视结果，却忽略、忘记了“人”本身的成长，没有做到正如你所说的“要树立正确的价值观、人生观、世界观，要让孩子懂得如何做人”。那样再发达的社会，也会陷入混乱的困境。

第二个方面，是否人工智能会影响到人与人之间的关系？

关于这个方面，可以举例公交无人售票、超市逐步取消营业员甚至收银员……虽然在这些领域，人与人的交流减少了，但这给我们带来的更多的感受是方便，而非冷漠。

有更方便、更好、更先进的智能机器人的服务，人与人之间能有更多的时间和机会进行交流，只要有人的地方，就一定会有真情在，只是需要主动去创造机会彼此联系，积极发现和珍惜。①

第三个方面，如果未来人工智能发展到无限接近甚至超越人的程度，是否危机就会到来？

世界在发展进步，机器人有很多种类，高级智能机器人的智能也正在不断发展。个人认为，目前，以及今后相当长的一段时间内，人工智能所不能具备的（或者很难，尚且没有具备的）能力是“创造力”。爱因斯坦说：“提出一个问题往往比解决一个问题更重要，因为解决问题也许仅能是一个数学上或实验室上的技能而已。而提出新的问题、新的可能性，从新的角度去看旧的问题，都需要有创造性的想象力，而且标志着科学的真正进步。”人是具有主观能动性的最高境界“创造力”的，目前机器人还不具备这一点。

创造力从何而来？“大量的实践才造就专业的精通，只有在精通之后才能创新。”“创新源于实践和变化，在传统中交融并逐步改进。没有什么有用的东西是全新的。相反，发明是对基于知识的、

① 关于人情，可以看看本书中第二讲中：二、“珍贵”的童年友情。

久经考验的方法做出的改变。”[①] 辩证唯物主义告诉我们，意识是人脑的机能和属性。理论上来说，如果人工智能能够模拟并达到人的大脑的水平，也就是说能够制造出人工大脑，那么产生意识、思维、思想、情感也是可能的。那么是否也可能，在人工大脑的基础上，通过人工智能的自我学习能力，接受足够的环境刺激，通过大量自主行动，产生自我意识，从而激发主观能动性，甚至创造力？

为你支招

高中哲学教材告诉我们：“思维主体主要指人，……人工智能产品如机器人，电脑等，无论多么完善，都是人脑的产物，不具备思维能力。”[②] 但世界是运动变化发展的，人的认识也是如此。发展是前进上升性质的变化。人工智能技术和产品也是如此。正如几十年前，我们难以想象今天技术飞跃发展的程度一样，今天的我们，也难以想象未来世界发展的程度。

对人工智能的投入已成为全球热点，开发力度不断增长。“据《中国人工智能发展报告 2018》显示，2013 年到 2018 年一季度，中国在人工智能领域的投融资占到全球的 60%……中国大力发展人工智能等前沿技术，已经拥有世界上最大的数据库系统，它希望成为地球的‘大脑’。”[③] 在这样的发展加速度面前，一切似乎皆有可能。

如果真有那么一天，那么具备了自我意识的人工智能应该已经不再是生产工具，不再是使用对象了吧？此时的人工智能与人类，

---

① 埃弗拉特·利夫尼　对创造力的崇拜导致更少的创造　邢鸿飞　编译［J］.《世界科学》，2019. 3：58—59。

② 国家教材委员会：普通高中教科书　思想政治　必修 4　哲学与文化［M］. 北京：人民教育出版社，2019：20。

③ 西媒报道 . 中国发展 AI 欲当地球“大脑”［N］. 参考消息，2019.04-24（15）。

只是名称上的区别，地位上，应该已经平等。这也意味着，当我们这样做，即开始设计并生产这样的机器“类人类”的时候，应该注意：既然让机器能思维，就应该让机器正确地思维，如果人工智能开始有了主观能动性，甚至创造力。那么，就像我们对孩子一样，就需要给予正确的教育，包括道德和伦理教育，因为“他”在成长，需要引导。

高速发展的中国也正在进行相关研究——“制定人工智能伦理规范①”。在2019年的两会上，全国政协委员李彦宏提出“加强人工智能伦理研究，打造智能社会发展基石”。人工智能已经引发社会担忧，例如：人会不会被机器取代、人工智能是否安全可控、人与机器的责任如何界定等。“这些问题我觉得需要及早地从一个全局的范围来考虑。”② 凡事预则立，不预则废，与其猜疑惧怕，不如勇敢应对。

我们还可以从另一个角度上看问题：在2019年4月24日发表的《自然》杂志：“通过解码大脑活动提升语音的清晰度，使用深度学习方法直接从大脑信号中产生口语句子，达到150个单词，接近正常人水平……科学可以通过脑机接口扩大人类的能力……人们可以通过心灵感应来传达复杂的概念……人类是否有一天会与机器合并？马斯克认为，人类已经在某种程度上做到了这一点。”2019年3月“美国一组科学家在biorxiv.org上发表一篇论文，称找到了快速将电线植入大鼠大脑的方法，论文中描述这个过程是‘向人类

---

① 新华社，北京2019年1月9日电 记者李宓 中国著名人工智能专家、中国科学技术大学机器人实验室主任陈小平教授近日表示，中国人工智能学会伦理专业委员会正着手进行中国人工智能伦理规范研究，期待来自社会各界的帮助、建议和支持。

② 全国政协委员李彦宏：加强人工智能伦理研究［N/OL］.《经济日报》http://www.ce.cn/xwzx/gnsz/gdxw/201903/03/t20190303_31602371.shtml 2019-3-3。

大脑直接插入计算机潜在系统迈出的重要一步’”。①

当机器与人已无法分别，又何须分别?

总而言之，如果人工智能真的发展到产生高等智慧的程度了，无论你是否喜欢，它仍会向前发展。我们能做什么来应对？辩证唯物主义的根本要求是“一切从实际出发”，马克思主义的精髓是“实事求是”。俗语则说“兵来将挡，水来土掩”。我们要做的，就是寻求人的本质——发挥主观能动性，积极实践，发现规律，利用规律，继续发展。

全球人工智能技术大会（GAITC）2018 年主题是“人工智能赋能新时代”，我们已经步入了飞速发展的新时代，必须要与时俱进。大会 2019 年的主题是“交叉、融合、相生、共赢”。我想，这不仅是人工智能产业发展的理念，也是我们如何应对人工智能本身的理念。

哲学知识小贴士

辩证唯物主义告诉我们，意识是人脑对客观世界的能动反映。意识是人脑的机能和属性，人脑是意识产生的生理基础。

毫无疑问，人脑是物质，是物质就有其产生、发展、灭亡的运动轨迹。运动是物质的存在形式，运动是有规律的，人能认识和利用规律，创造条件，改造世界——因此个人认为：从彻底的唯物主义的角度，通过了解人脑的运动规律，利用相关科学原理使人工智能无限接近人类发展水平，是否也是有可能的？与其担心、惧怕、否认、拒绝，不如积极主动思考、勇敢正视面对、理性具体分析、研究实践创新。做到有备则无患。

---

① 新智元 Nature 重磅：华裔科学家成功解码脑电波，AI 直接从大脑中合成语音 [EB/OL]. http://www.360doc.com/content/19/0425/16/29770038_831398014.shtml 2019-04-25。

看“看客文化”的你

“群众，——尤其是中国的，——永远是戏剧的看客。牺牲上场，如果显得慷慨，他们就看了悲壮剧，如果显得觳觫（hú sù），他们就看了滑稽剧。”我想这就是鲁迅先生对于看客的讽刺与批判。看客在生活中是无处不在，却又不形成具体的群体，因为这种人是随着被旁观的事物存在的，假若没有被旁观的事物而那所谓的“看客”也是不复存在的。

其实这一悲催的国人心理一直存在于古今中外的社会中，进而形成了“看客”文化，并自然而然地投射到许多作品中。就如契诃夫的《变色龙》一书中起哄的群众推动了故事的发展，更鲜明地突出了奥楚蔑洛夫的性格特点；又如《孔乙己》一书中，鲁迅先生多次写到酒客嘲笑他的“新伤疤”或讥笑他没能捞到个秀才，总是拿他的落魄不幸取乐，而每一次笑声都是建立在孔乙己的难堪、羞辱之上。这笑声带来的“快乐”的空气着实令人心酸。

过去鲁迅用笔唤醒了麻木的中国人，用文字洗去国人的看客心理。现今人们看多了人心冷漠，听多了怨天尤人，我们心中的正义感渐渐摇晃不定——看到跌倒的老人，犹豫了；看到行窃的小偷，沉默了；然而看到娱乐新闻便开始了“键盘侠”的兴起，肆意地在幕后评判他人，乐于看别人的笑话。因而在放任中失了秩序，在起哄与冷漠中，失了人心。

最怕戏子无情落幕离去，看客依然沉醉其中。这样“看戏人成戏中人”的现象怎样才能加以转变？我们要如何才能端正“看客”

文化，使道德风尚再次崛起？

晓哲老师有话说

你的问题，可以分几个层面来思考："看客文化"是什么；现状怎样；怎样对待"看客文化"，乃至怎样改变"看客文化"。我想从其源，其本，其终这三个角度来回答。

其源：

对看客文化的描写，大约是源自鲁迅先生吧？鲁迅先生《药》对看客是这样描写的："……老栓也向那边看去，却只见一堆人的后背；颈项都伸得很长，仿佛许多鸭，被无形的手捏住了地，向上提着。"他在《娃·娜拉走后怎样》一文中更是写道："群众，——尤其是中国的，——永远是戏剧的看客。牺牲上场，如果显得慷慨，他们就看了悲壮剧；如果显得觳觫[①]，他们就看了滑稽剧。北京的羊肉铺前常有几个人张着嘴看剥羊，仿佛颇愉快，人的牺牲能给予他们的益处，也不过如此。而况事后走不几步，他们把这一点愉快也就忘却了。"

笔者觉得百度百科对"看客文化"形成原因的分析比较完整，我在这里引用并整理给你——

原因一：官员或公务员的腐败。如果专管相关行为的国家机关都不管事，人们管那些"闲事"干嘛？原因二：国家的统治者的"抑武重文"，造成在社会中没有"尚武"的传统，人们在看到强权或暴力的时候，会想到自己没有压制它的能力，于是只有躲避。原因三：社会中提倡"为人"思想教育：就是要人们"不为自己"，

---

① 觳觫，音 hú sù，意思是指恐惧得发抖，恐惧颤抖的样子。在山西方言里属常用词，均发入声。

也使人们对强权和暴力产生了“服从”心理。而如果人的心理向相反的方向发展，就容易使人产生厌恶“为人”思想和行为，从而形成极端的“为己”思想和行为。中国人的冷漠其实是一种制度性的冷漠，是遭受隐秘的精神暴政的产物。在几千年的专制制度的统治下，中国人几乎未争到过做“人”的权力，在现实中无法为自己顶起一个为“人”的自我。他们并非缺乏同情心，一方面由于过多的刺激已使他们的神经对自身与他人的痛苦感受已麻木了；另一方面，统治阶级还会为他们创造诸多精神信仰类的麻醉剂（从而忘却痛苦，麻醉自己），使他们自己和他人的痛苦合乎逻辑且可以忍受。大家熟谙“各人自扫门前雪，莫管他人瓦上霜”的“生存智慧”，做一个无聊的“看客”。久而久之，这种“生存智慧”便被内化成了处世哲学，在相似的社会现实中得到不断强化……

正如鲁迅先生文集《坟》中的《灯下漫笔》所写：“因为古代传来而至今还在的许多差别，使人们各自分离，遂不能再感到别人的痛苦。”

探究了源头，是否可以回答你所提的问题？如还不能，就需要继续探究——其本：

你的问题有明显的价值倾向：“看客文化”是错误的，是坏的道德体现，需要制止、抛弃、更正……是否真是这样呢？

反过来想想：如果判断“看客”的行为是错的，那么正确是行为是什么？应该怎么做？

一是不看。或许是要忙好自己的事情，那不要多看热闹，或许是正确的选择，这是积极面；但或许也是另一种事不关己，高高挂起的“看客文化”形态，这是消极面。

但积极也好，消极也好，都是相对而言的。

对于热闹，可以看，可以不看。然而不看，就不知本末，更遑论关心。正如前面引文所分析的，看客们往往本身也是弱势群体，除了看看热闹，还能做什么？看看热闹，到底也是一种行动，个人以为，“看”到底比“不看”是种进步。“各人自扫门前雪，莫管他人瓦上霜”的看客，虽然不管不顾，但至少还知道他人瓦上有霜。

二是看。消极地看：一种是冷眼旁观，看而不见，漠不关心；一种是看戏、看热闹地看，甚至还要凑凑热闹，寻点乐子，闹完就算，这应该是“看客文化”所指斥的主流；积极地看：注意观察，冷静理智地判断，但不轻易地落实到行动，这应该是正确的吧，而且也会带来以下的“三”。

三是也成戏中人，不过不是看戏的戏中人，而是参与进去，积极作出反应、行动、实践。不是看热闹，看戏，而是处理问题，解决实际，改造现实。我想这应该是鲁迅先生在这个问题上，用笔墨唤醒中国民众的本意。

怎样对待“看客文化”，鲁迅先生在原文中已经给了答复：“对于这样的群众没有法，只好使他们无戏可看倒是疗救，正无须乎震骇一时的牺牲，不如深沉的韧性的战斗。”所谓无戏可看，大抵指的是不要在意看客，只管做好自己的分内事，戏份少了，吸引力少了，看客自然就少了。

层层剥茧，通过这样的分析，可以看出“看客文化”是具有积极和消极的两面性的。也许未必到位，但下面似乎可以讨论“其终”了。

为你支招

“看客”们，往往是百姓，同样是这批百姓，在当年的旧中国，可以为麻木不仁的看客，也能不分青红皂白起哄争抢人血馒头，也能助纣为虐，做假洋鬼子，做日伪军，也能加入到轰轰烈烈的革命中，抛头颅、洒热血，抵抗侵略，推翻三座大山的极权统治，创建新中国……

对于如今的“看客”们，我们深入了解过吗？我们对“看客文化”的评论，如果不能通过仔细调查，反复研究，对具体问题具体分析，从而得到实事求是的结论，却只是高高在上，超脱其外，挥斥方遒，这又何尝不是看热闹般的浮光掠影，不痛不痒，以致指手画脚，标榜彰显自我的“与众不同”！

人与人彼此联系，构成社会，有人群的地方，就有人性的区别，而哪种人性居于上风，就会成“势”，成为了主流社会风气。而人性不是一成不变的，是环境和人自身共同作用的产物。俗语说：“你没穿过别人的鞋，就不要评价别人走过的路。”看客们限于自己的生活、境遇和能力，选择了看客的行为方式，如果生活和环境没有改变，如果看客自身没有意识到，仅靠看“看客”的看客的批评与嘲笑，这种社会现象是不会发生改变的。

世界是普遍联系的。评论“看客文化”的我们，又何尝不是看客。端看你做哪种“看客”。只有不把自己特殊化，才能仔细研究看客的境遇，了解看客的行动起因，去创造条件，改变现状。才能通过自己的，以及由自己可能影响到的他人的实践，去改变自己，改变他人，进而改变社会，改变国家，改变世界。

就像纳尔逊·曼德拉所说：“你若光明，这世界就不会黑暗。你若心怀希望，这世界就不会彻底绝望。你如不屈服，这世界又能把你怎样。”①

---

① 出生于1918年的纳尔逊·曼德拉为了推翻南非白人种族主义统治，进行了长达50年（1944—1994年）艰苦卓绝的斗争，被南非当局关押了27年（1962—1990年）。在1994年南非举行的首次民主大选中，曼德拉成功当选南非第一任黑人总统，为新南非开创了一个民主统一的局面。

哲学知识小贴士

辩证唯物主义告诉我们，世界是物质的，物质是运动的。事物与事物之间以及事物内部诸要素之间的联系，即运动产生的条件。联系是普遍存在的。联系是客观的，不以人的意志为转移，但人具有主观能动性，能够认识世界，认识世界变化发展的规律、条件，并通过认识指导下的实践活动，创设条件，改变世界。尼采说："与怪兽搏斗的时候要谨防自己也变成怪兽。当你凝视深渊的时候，深渊也在凝视你。"①

永远不要脱离生活与实践，我们都是生活的一部分，我们每时每刻都在行动，而这些行动，也可以不仅仅停留于日常行为，而发展为发挥主观能动性，能认识和改造世界的实践。只有实践，才能认识和改造世界。

① 德《善恶的彼岸》尼采著［M］. 朱泱译　北京：团结出版社 2009。

口误还是无知

几年前央视科教频道播出的一期《健康之路》节目中，邀请了来自中国科学院的专家金峰教授。然而，原本平常不过的一期健康科普节目却因教授的一句“口误”而引发了网络上的巨大热议，教授一时间也成为了网友们的“众矢之的”。

原来，在这期《健康之路》中，在谈到炒菜放盐的先后问题时，这位金教授建议在菜出锅之前放盐更有助于减少盐的摄入。但当时他的解释是：“炒菜时过早放盐和酱油，可以让里边氯化钠中氯挥发出去，这样，就剩下钠了。”教授的这番话被网友转发了数万次。很显然，他犯了一个很基础的错误——炒菜的温度怎么会使氯化钠中的氯挥发呢？这样的错误想必连高中生都不会犯，中科院的教授却在这样的一个科普节目中“语出惊人”，无疑难逃大众的质疑与指责。不少网友纷纷表示：“这种节目那么多人看，很容易误导观众啊！”“我妈这岁数的老阿姨们大多都没读过什么化学，说不定她们还觉得专家说的特别有道理呢……”更有网友嘲讽道：“炒个菜就能让氯化钠分离了，一把盐撒到锅里，就成了化学武器了……”

节目中的教授究竟是口误还是真的对如此基础的问题一无所知，我们作为观众也无从得知。但金峰先生作为中科院的教授，却在科普节目中做出了如此不科学的解释，这实在是令人汗颜。这到底是真口误还是真无知？

晓哲老师有话说

晓哲老师觉得，故事当中的中科院教授应该不是口误。现当今，随着媒体事业蓬勃发展，电视节目和综艺节目越来越受到人们的欢迎，节目当中出现的一些话题和事件也随着节目的播放而广泛受到人们的议论，像钟同学在故事当中所诉说的事件也时有发生。这位中科院的教授所讲授的“炒菜放盐的先后问题”很有可能也是“道听途说”，这位教授可能既没有下过厨房炒过菜，也没有在炒菜的时候实验过“放盐先后的食盐量”问题，也就是说很有可能他也是从其他人或者其他途经那里得到的这个知识，并信以为真，那么其实这是他的间接经验，而非直接经验，但一切真知来源于实践，来自直接经验。故而，实践才是检验真理的唯一标准。仅仅相信书本不行，思出其位，讲自己不熟悉的东西，往往会出笑话，而且地位越高越容易被人笑话。其实在我们的生活中，我们也时常遇到类似的口口相传的知识和经验，或许来自钟同学所说的电视节目当中，或许来自我们身边的长辈和亲戚朋友们。

晓哲老师至今还记得我小时候班级里的一个故事，一次，不知道为什么有一位男同学流了鼻血，医务室的老师让他鼻子里塞了棉花并仰着头，当时觉得非常正确的事情却在长大后被告知是错误的行为。专业的医务人员告诉我，流鼻血时用抬高下巴来止血，这种方式不会止住鼻血，唯一的好处仅仅是不会把鼻血流到地上，而且反而会让鼻血往咽喉里流，这样做甚至可能会引起更严重的呕吐和窒息。正确做法应该是，在流鼻血的鼻孔中塞上小棉球，并轻压鼻翼，将头部向前倾，可以在脖子上围一条冰毛巾或湿毛巾，这样就能有效止血。在生活中，还有非常多的大家都在口口相传的错误的事例，例如饭后吃水果、每天要喝八杯水、鱼刺卡喉可喝醋来软化鱼刺、聪明的人脑袋大等等，这些大家一致觉得是真理的常识，结果全都最终被否定，但我们当时都确信无误，认为这些常识一定是万分正确的。其实，这些常识对我们来说全都是间接经验，我们并没有亲身实践过，也没有对此做过权威的研究，即完全没有直接经验，但是有时却在将这些没有验证过的间接经验告知别人，这样的做法也是欠妥的。

为你支招

随着现代化科技的发展，腾讯QQ、微信、INS等的社交平台的广泛应用，在我们的生活中，每天充斥着各种各样来自世界各地的见闻和信息，但这些数以万计的信息是否全是正确的呢，晓哲老师觉得不一定吧。故而当我们通过互联网、广播电视、读书、听讲等各种方式获得间接经验的同时，可能还需要我们用自己的所学所获来进行初步的真假判断，而并不是全盘接受。实践表明，一个人的大部分知识是间接经验，他不可能也没有必要事事亲身实践去获得全部知识。但这并不等于说直接经验就不重要，因为直接经验和间接经验是相对而言的。在我视为间接经验的东西，在前人或他人面前则为直接经验。离开这些人的实践活动，互联网、广播电视、报刊书籍所传播的知识都将成为无源之水、无本之木。我们青年学生拥有的知识大部分是书本知识，属于间接经验，所以，对青年同学们来说，要积极参加社会实践，尽可能多地去获得直接经验，尤为重要。在条件允许的情况下，我们可以用实践来检验得到的间接经验，这既有助于我们验证间接经验的正确与否，也可以让我们深刻理解所得到的知识，在这个过程中，或许还能获得许多意外的知识财富呢。

哲学知识小贴士

直接经验和间接经验，直接经验指亲身参加变革世界的实践活动所获得的知识。间接经验指从他人或书本上学来的知识。人的知识不外直接经验和间接经验两部分。人们为了继承历史上遗留下来的精神财富和获得外部知识，接受间接经验，学习书本知识是非常重要的。事实上，由于受社会条件、生产条件和科学技术发展水平的限制，受个人实践范围的限制，人不可能事事直接经验，多数知识都是从别人或书本那里学来的，是间接的经验。但是，在我为间接经验的东西，在人则为直接经验。因此，就知识的总体来说，无论何种知识都是不能离开直接经验的。一切真知都是从直接经验发源的。

毛泽东说过："一个人如果没有直接经验，只有间接经验，他的知识是不完全、不深刻的；但是，如果只有直接经验，没有间接经验，他的知识也是有局限的，不完全的。人们应该既积极参加社会实践，又认真读书，努力向群众学习，向国内外一切先进经验学习。在实践的基础上把实践与读书、直接经验和间接经验结合起来，才能获得比较完全的知识，避免经验主义和教条主义，更有效地认识和改造世界。"①

① 《毛泽东选集》第 1 卷，265。

模仿他人的分寸在哪里

近来，一些以模仿他人为核心的文化十分流行。这古已有之——各种民间艺术都讲究“学”。有了网络后，这种模仿文化传播起来就更为快速便捷了。为什么要模仿他人？这也许是因为被模仿的对象令大家由衷钦佩，抑或是被模仿的对象做过一些不良行为，大家用模仿来发泄，又或是被模仿的对象有些能逗乐人的特质。模仿的具体行为大致包括模仿言论、模仿行为、模仿口音，并从被模仿对象的一些言行中提炼出黑话，加上特殊含义、造出梗来，甚至以他们的一些视频音频为素材，经过剪辑、调音制作出没什么意义但却倍儿哏、倍儿逗的作品（鬼畜）来。他们的名言和其引申义，也被带入到我们的日常生活中，甚至向成为拥有固有含义的词汇过渡。

现在这种模仿的对象，已经从知名人士转移到我们身边的普通人。从前，被模仿对象大多是科学界、文艺界、体育界和政界商界的名人，至少是小有名气的网红。现在，被模仿的对象中也有老师和同学，大家乐此不疲。

我一直觉得，这种行为是善意的，是一种对被模仿者的人格魅力和优秀品格的崇拜和赞扬，或是对他们不良行为的善意讽刺嘲笑。这样的模仿可以促进大家自我完善，丰富人们的精神生活。就算没什么实际用处，那也是一种无伤大雅的娱乐，让大家能在紧张的生活中乐呵那么一下。在现实中，大部分老师同学对这种行为非常豁达不计较。但也有一些同学非常反感，不愿意大家模仿他找乐儿，觉得这是一种居心不良的嘲讽，甚至因此“自闭”起来，不愿与人交往。

我个人不会因这种模仿行为生气，但仔细一想，说不准什么时候也会被激怒。所以我想恳请老师指导，这种行为到底是否向善、有益？以及不把他人惹怒、不对他们造成伤害的界限在哪里？

晓哲老师有话说

关于模仿，法国社会学三大创始人之一的加布里埃尔·塔尔德（Gabriel Tarde，1843—1904）曾写过一部非常经典的著作——《模仿律》，在书中，作者提出了他具有影响力的观点：模仿是先天的，是我们生物特征的一部分，人们通过模仿而使行为一致。模仿是基本的社会现象，是社会进步的根源，对于人类的社会生活具有非常重大的意义。[①] 细细想来，蒙昧时代的我们不正是从模仿大自然中获得适应环境的能力？孩提时代的我们不正是从模仿成人中获得语言积累、技能习得、行为品行养成的能力？在持文艺模仿说观点的艺术家们眼里，文艺是源于模仿自然和人的产物。当下，娱乐圈里林林总总的模仿秀盛行，或许就是源于人类这种与生俱来的天性和本能使然吧。

在音乐界像神一般存在的迈克尔·杰克逊，至今，他的太空步、歌曲、容貌仍然被全世界很多人模仿。每年 7 月美国佛罗里达州基韦斯特市都会举办“海明威模仿大赛”，评选模仿海明威衣着、神态最像的人。又如国内歌坛常青树费玉清先生，唱歌时头部 45° 上扬，面带微笑，脚打拍子的经典动作也常常被人模仿。生活中，

---

① （法）加布里埃尔·塔尔德著，何道宽译，模仿律［M］. 北京：中国人民大学出版社，2008。

除了名人常被人模仿之外，普通人之间也会互相模仿。晓哲老师至今还记得，有一年在学校的艺术节上，有一个学生模仿身边老师言行举止的节目，当时现场反响特别热烈，一些老师的特质被学生们模仿得惟妙惟肖。

这些模仿是否向善、有益呢？世界上的事物之所以纷繁复杂，是因为每一种事物都有自己特殊的质的规定性。所以对这个问题的回答关键是要把握对模仿行为的质的界定。

不管是模仿名人，还是模仿身边人，通常出于这几种动机：一是崇拜、尊敬或者喜爱；二是工作需要；三是博人眼球；四是人际交往。这四类模仿行为的动机不同，模仿行为的性质自然也就不一样了。

抱着第一种动机的模仿者大多是被模仿者的粉丝。粉丝们对自己偶像形象的呵护有时可能比偶像自己还要小心，自然不会挑有损偶像形象的东西去模仿，他们的模仿通常是对偶像特质的正面模仿。通过他们的模仿，偶像在大众中或许可以进一步积聚人气，所以这种应当属于给被模仿者加分的模仿，向善，有益。

抱着第二种动机的模仿者，比如文艺工作者。他们的模仿主要是基于工作的需要，无关乎个人喜好。他们的模仿更多地是对被模仿者的还原，或者略微艺术加工。所以这种应当属于不给被模仿者加分也不减分的模仿。只要模仿者的工作是向善有益的，那么这种模仿也是向善有益的。那种过分夸张的模仿表演，我个人认为已属于上面第三种动机的模仿了。

以模仿他人来博人眼球的模仿者，其外在表现虽是对他人的模仿，但实际意图其实是希望引起大众对自己的关注。出于这种动机，模仿者一般只在乎自己的模仿能吸引多少流量，不会在意他的模仿会给被模仿者带来什么影响。他认为，什么能快速博人眼球，什么就是他模仿的首选对象。在部分大众喜猎奇、喜看他人出洋相的不健康心态怂恿下，模仿者很有可能以他人身上的缺陷（比如口吃、跛脚），或者是把被模仿者身上的某种特质过分夸张或扭曲地加以模仿。这种哗众取宠式的模仿显然向恶、无益。

第四种动机的模仿者，没有特定的人群，就是一般意义上的你我他。家人、朋友、同学、同事、师生等关系中，我们是借助于各种互动来维系彼此间交往的纽带，对身边人的模仿也算是彼此互动的一种方式。那么抱着这种动机的模仿是向善有益的吗？不妨以这种模仿产生的结果来判断。如果模仿拉近了彼此的距离，增进了感情，增强了互动，那么这种模仿应该是向善有益的。但如果模仿起到的是反作用，使被模仿者成为众人逗乐、取笑的对象，那么这种模仿至少是无益的，严重损害被模仿者尊严的模仿行为则是向恶的。

为你支招

弄明白了不同模仿行为的性质以后，相信同学们应该能够正确区分不同模仿行为是善恶、有益无益的界限，做出正确的选择了吧。那是不是说我们只要选择向善、有益的模仿就一定能产生积极的效应，不会引起被模仿者的不快，给他们造成伤害呢？“物极必反”“过犹不及”这两个成语，想必大家都不应该陌生，事情发展到了尽头，就会向相反方向转化；做过了头，就像做得不够一样。世界上任何事物都有量的规定性和质的规定性，都是量和质的统一。因此在实践中我们要把握好模仿的“度”，坚持适度原则。因为人人都有自尊，都想在外人面前保持良好的形象，过度地被模仿，从而成为逗人取笑的对象，想必谁也不会高兴。哪怕是说话的语气用词、一个颇具个性的神态表情，一旦被他人无休止地模仿，就是正常也变得不正常了。因此模仿者应该做到以下四个注意：一要注意模仿的场合。注意对被模仿者的尊重和保护；二要注意模仿的内容。不要把他人的身心缺陷作为模仿的对象；三要注意模仿的动机。不要做向恶、无益的模仿；四要注意模仿的量。做到浅尝辄止，见好就收。五要注意保持自我；不要在模仿中失去自我，成为被模仿者的克隆人。

哲学知识小贴士

世界上任何事物都有量的规定性和质的规定性。量变和质变是事物变化发展的两种状态。量是指事物数量方面的规定性。质是一种事物成为它自身并区别于其他事物的内部所固有的规定性。人们认识事物主要是认识事物的质。只有把握了事物本身固有的质的规定性，才能正确地区分事物，划清不同事物的界限。

一切事物都是量和质的统一。“度”这个概念就是体现事物质和量的统一，是事物保持自己质的稳定性的量的限度。掌握“度”有助于我们划清不同事物的界限，准确认识和把握事物。①

① 国家教材委员会：普通高中教科书　思想政治　必修4　哲学与文化［M］.北京：人民教育出版社，2019：34。

你是“妈宝”吗

小思同学是我高中时的一位学长。他学习成绩优异，性格内敛沉稳，擅长模型和画画，受到老师和同学的喜爱。曾经有一次，我向他讨教他各方面那么优秀的原因，他骄傲地告诉我说：“家里的一切家务都是我的爸爸妈妈完成的；他们每天晚上按时给我送热牛奶和切好的水果；我遇到不会的问题都请教他们，他们会帮我想办法……他们非常照顾我、关爱我，所以我可以用百分之百的精力投入学习还有我想做的事，自然成绩就不错了。”

后来，小思如愿以偿地进入了某知名大学，他仍然像在高中时一样，是大家眼中的“好学生”。然后我还知道的是，他的妈妈选择陪读，在他的大学附近租房居住，每天帮助他打扫寝室、帮助他清洗衣服等等。我想，大学本应是让人锻炼自我、走向独立的，可是父母的爱，培养了许多的“妈宝男”和“妈宝女”。他们缺少生活自理能力，无法脱离父母的照顾。我不禁思考这种“爱”有利于我们成长吗？

晓哲老师有话说

晓哲老师是一位在校大学生的妈妈，所以看到这“妈宝”这个词的时候，心里感觉挺温暖，我当时理解的“妈宝”就是孩子永远是妈妈的宝贝。母亲总是希望给儿女创造好的条件，同样也希望孩子能够听自己的意见。我是否理解正确了呢？我上网查了一下，原来这最早是一部网络小说的书名，在书里，“妈宝”的意思是男女在婚姻、爱情的方面只听妈妈的话，没有自己的想法。而随着时间的推移，这个网络用语现在有了更多的涵义，从总体上说，泛指那些在生活中听妈妈话、依赖家长、没有主见的人，同时造成了生活中的很多困扰。

从这位同学的提问中，可以明确地感受到她认为“妈宝”的形成主要是妈妈的责任，这个观点对吗？谈到这个问题，我想到了2019年上海春季高考到作文素材：“在阳光里生活，需要有步入阳光的能力。”妈妈都希望给孩子创造一个阳光的生活环境，阳光是暖暖的、温馨的、舒适的。想想妈妈好像也没有什么错吧！除了妈妈的因素，还有哪些因素呢？那到底哪个的因素更关键呢？那我们就用哲学的思维方法来分析，理一理思路吧。

哲学是一门怎样的学科呢？马克思说哲学是关于世界观和方法论的学说。哲学不能给我们具体领域里的具体方法，但是会指引我们有一个科学的思维方法和处理问题的思路。马克思主义哲学给了我们一个思维方法——辩证思维，其中对立统一思维法是核心方法。而矛盾的观点是对立统一思维法的体现。内因和外因的辩证关系又是矛盾的观点中重要的一部分。任何事物的变化和发展，都是内因和外因共同作用的结果。“妈宝”的形成是由很多因素造成的，首先就是要分析有哪些方面的原因，然后继续深入分析哪些是内部因素；哪些是外部因素。

妈妈的关爱对孩子的成长是外部原因，对孩子的成长会起到加速和延缓对作用。为什么叫“妈宝”，我想大家都可以体会到在自己的成长道路上，妈妈付出了很大的心血。不仅仅是生活中的照顾，很多妈妈在孩子的学习上也给了很多的指导和帮助。我在教育生涯中碰到了太多的负责任妈妈，对她们的努力深深佩服。但是成果怎么样呢？差异很大。有些妈妈的行为对孩子起到正向的作用，而有些妈妈恰恰是起到了反作用。这取决于妈妈的智慧，成功的妈妈往往恰到好处地给孩子阳光，她并不是时时刻刻、事无巨细，而是恰当的时候给予有分寸的爱。

那么内在因素呢？应该是“妈宝”们自己吧！这才是关键。内因是事物变化发展的根本原因，决定着事物变化发展的性质和方向。按照这个观点就是，是否成为“妈宝”，关键是你自己，你想自己成为怎样的人？

为你支招

既然从内因和外因上分析得出，未来能否成为一个有独立人格的成年人，你自己最重要。而且我们目前针对的是高中这个人生阶段，并不是婴儿、儿童、少年时期。十六岁到十八岁，自我意识明显增强了，独立思考和处事能力都显著发展了，想摆脱父母束缚的意识也增强了。这是一个形成独立人格的重要的阶段。这时候你不仅仅是思考这个问题，而且要拿出行动。比如学习上的努力和找适合自己的学习方法；生活上尽力做到自己的事情自己做；遇到困难时，有战胜的勇气和方法等等，总之从行为上让家长放心，让他们感受到你一点一点地有了自己步入阳光的能力，让家长感受到你的独立。父母自然而然地就慢慢放手，这样的独立人格才能建立。所以大家不应该去怪罪妈妈，而是应该审视自己的行为，多思考。

哲学知识小贴士

唯物辩证法认为，世界上的事物变化和发展的根本原因，都在于事物内部的矛盾性。在具体事物的变化和发展过程中，矛盾可分为内部矛盾和外部矛盾。事物的内部矛盾是事物变化和发展的内因，事物的外部矛盾是事物变化和发展的外因。任何事物的变化和发展，都是内因和外因共同起作用的结果。内因是事物变化的根据，是事物变化发展的第一原因、根本原因。事物的内部矛盾是事物发展的源泉和根据，决定着事物变化发展的性质和方向。外因是事物变化的必要条件，是第二位的原因。对事物变化发展起到加速和延缓的作用。外因要通过内因而起作用。外因的作用再大，也必须有内因与其相配合，决不能撇开内因而单独地起作用[①]。

① 国家教材委员会：普通高中教科书　思想政治　必修4　哲学与文化［M］. 北京：人民教育出版社，2019：29。

让人费解的“夸夸群”火爆现象

2019 年初，要说社交平台什么最流行最火爆，非“夸夸群”莫属。夸夸群内，只做两件事：夸人和被夸。看新闻报道介绍，包括上海大学、武汉大学、哈尔滨工程大学和山东大学等不少高校的学生也纷纷建立了各自学校的夸夸群。西安交大的夸夸群，群成员更已经达到了 1000 人的上限。不少夸夸群中的“群规”就是可以各种夸、直接夸、随意夸。不管你有没有值得被夸赞的事情，只要你有求夸的需求，随便你说什么都会收获很多的“夸”。甚至你还可以花钱买夸，只需要在电商平台输入夸人或者夸夸群等关键词，就可以找到提供夸人服务的若干店家。买家付款后，就能加上店主的微信，然后将会被拉入一个多人聊天群，说完自己的需求后，各种“安慰式”“吹捧式”或“鸡汤式”的夸赞就会一条接着一条扑面而来。

当我看完这篇报道，第一反应是这个“夸夸群”好无聊啊……我搞不明白为什么这么无厘头的聊天群会在大学生和年轻职场人中这么有市场？浸润在一群陌生人“彩虹屁”式的夸赞声中，难道不觉得很奇怪吗？

晓哲老师有话说

真的太巧了，晓哲老师刚听说夸夸群火起来的时候，也觉得莫名其妙。但当晓哲老师习惯性地点开自己的微信朋友圈，准备看看之前所发内容的回应，顺便给其他朋友点个赞时，突然有了一种很奇妙的感觉——为什么我会这么关注别人对我的点赞和评论？通常，我发在朋友圈里的消息在一段时间里没有得到一个赞或一条评论时，心里往往也会有些失落，但如果有人给我点赞，再加上一些认同性的评论，我的心情就会变得很愉悦。当认真思考这一变化的时候，我突然意识到这种渴望被关注、被认可、被赞美、被尊重的需求，其实从小就开始有了。小时候渴望得到爸爸妈妈的认可和表扬，读书后渴望得到老师的认可和夸奖，上班后渴望得到同事和领导的认可和赞许，生活中渴望得到朋友们的认可和尊重。如今火起来的夸夸群只不过是突破了这种既有的朋友圈，将这种需要的满足延伸到了朋友圈之外的陌生人群中。夸夸群中"求夸一族"其实就是我们，我们其实也是他们，虽然表现形态不同，但本质是一样的，我们都渴望得到来自他人的认可、赞美和尊重。参照美国心理学家亚伯拉罕·马斯洛的需求层次理论，这种需求正是第四层次——尊重的需要（Esteem needs）。人人都希望自己有稳定的社会地位，要求个人的能力和成就得到社会的承认。尊重的需要又可分为内部尊重和外部尊重。内部尊重是指一个人希望在各种不同情境中有实力、能胜任、充满信心、能独立自主。总之，内部尊重就是人的自尊。外部尊重是指一个人希望有地位、有威信，受到别人的尊重、信赖和高度评价。马斯洛认为，尊重需要得到满足，能使人对自己充满信心，对社会满腔热情，体验到自己活着的用处价值。①

马斯洛的需求层次理论，在一定程度上反映了人类行为和心理活动的共同规律。所以求夸者主动在夸夸群中求夸，并欣然接受陌

---

① （美）马斯洛著，刘烨译，马斯洛的人本哲学［M］. 呼伦贝尔：内蒙古文化出版社，2008。

生人夸奖正是当下大学生和年轻职场人从低层次需要向高层次需要发展的过程。在夸夸群里得到陌生人的夸奖，如果是真心实意、名副其实的夸奖，那么会让求夸者更坚定自己的实力，增强自信，“我很棒”“我很厉害”“我很正确”。即便是听起来很假的“彩虹屁”，被夸后，也可以让求夸者感到“我还没那么差”“我也有对的地方”，满足其自尊的需要。无论是“安慰式”“吹捧式”还是“鸡汤式”的夸赞，都可以使他们变得更自信、更富有热情、更积极地面对学习和工作，体验自身存在的价值。因此从这一层意义上讲，夸夸群在年轻人中的广泛流行有其积极的一面。

但大家也要当心，不要被热闹的夸夸群现象所蒙蔽，要善于透过现象揭示事物的本质。作为群居性动物，渴望被认可、赞美和尊重是我们人类的共性，它是深刻单纯的，相对稳定的。而火爆的夸夸群只是它的表现形态，现象生动丰富，多变易逝。因此，晓哲老师也希望这些大学生和年轻的职场人不要过分依赖夸夸群，多多尝试一些其他积极有益的激励方式来满足这一需求。生活处处都会有惊喜！

为你支招

面对夸夸群，有人趋之若鹜，有人如你一样无法理解，究竟该何去何从呢？晓哲老师觉得对于夸夸群这一现象级的新生事物，我们不妨先报以接纳的态度。心理学家威廉·詹姆斯也曾说过：“人性最深刻的渴望就是获得他人的赞赏，这是人类之所以有别于动物的地方。”如果我们客观承认这是人性的一部分，那么也应该接受它的外在表现形态是丰富多变的。我们不能以自己喜欢的表现形态去简单评判其他表现形态的优劣。坦然面对，宽容接受，增进了解，有益尝试，才能让我们更好地抓住事物的内部联系。

其次，让我们所有人都努力做一个有实力的人。对夸夸群颇有微词的人，其实很多是无法理解那些无厘头式的求夸内容。“不想上学，求夸”“看不进去书，求夸”“起床晚了，求夸”“今天单车丢了，找了很久都没找到，求夸。”明明没有什么值得夸赞的地方，还求夸，还被夸，这让夸夸群看起来有点虚伪和浮夸。我们每个人对尊重的需要包括内部尊重和外部尊重。这些无厘头式的求夸内容，其实也折射出求夸者自知他的行为有不当之处，在现实中既无法让自己得到内部的自我尊重，也无法得到来自外部的身边熟人的尊重和高度评价。与其将这种尊重需求的满足，寄托于网络陌生人对你的虚夸和浮夸，还不如回归现实，脚踏实地，努力使自己成为有“真材实料”的人，这样的你会拥有一个强大的内部尊重系统，变得自信和独立。你的朋友圈自然也会感受到你的实力，即使是再上夸夸群求夸，相信迎来的也一定是实至名归的夸赞。

哲学知识小贴士

本质和现象是揭示客观事物内部联系和外在表现之间相互关系的范畴。这对范畴对我们辩证思维的意义在于：要重视本质，并善于透过现象揭示本质，不被现象蒙蔽；不要轻视现象，要运用丰富、生动的现象说明本质，防止空洞说教。①

① 国家教材委员会：普通高中教科书 思想政治 必修4 哲学与文化［M］.北京：人民教育出版社，2019：29。

第 4 讲　如何正视价值

“经验”要经得起检验

老师好，我有一个困惑：经验，它究竟是好是坏？

在我以前看来，经验是我们自己在过去的实践中得到的，可以对未来自己的行为产生指导意义的事物，我们现在社会能够这么发达，也是多亏于前人经验的不断积累，这样想来，它应该是对我们有利的。

但现在，我却渐渐对这个经验产生了怀疑，一件最简单的事情：以前熬夜之后人没有不适，而最近一次我以为自己熬夜第二天还能精神焕发，因此急于求成地把事情在一个晚上解决，第二天却迎来了昏天暗地。还有比较复杂的事情：因为相信一位一直以来“信用级别很高”的同学，而迎来对方的“掉链子”。这样的事情还有很多，似乎总在提醒着我不要相信自己的经验，我发现，经验有时并不有用，有时还会成为我的绊脚石，相信过往自己的经验甚至变成了教条的表现。

老师，我们到底该不该相信自己的过往经验呢？

晓哲老师有话说

说到经验，我们从小就总会听到老人们的一句话“我吃的盐比你吃的米还多”，言下之意就是他们的人生经验比年轻人丰富得多，所以遇事还是要听取他们的意见。而我们在学习借鉴了他们的某些经验之后，事情确实得以解决。但是，我们有时候又会发现，在某些时候老一辈的经验“失灵”了。所以，我们时常会有这样的困扰，他（她）的经验我还能相信吗？甚至有时候会质疑自己的经验是否正确。

其实，暂且不论我们能不能相信经验，在哲学的立场上，我们每个人本就生活在一个“经验”的世界里。自打我们从妈妈的肚子里出生，我们就开始通过我们的感官与这个世界接触。我们看到春天里红花绿柳，听到盛夏时蝉鸣阵阵，品尝秋日硕果酸甜，感受严冬寒风刺骨。所有的感受都是我们通过感官获得的“经验”。这些经验都是感官带来的感知，有了这些经验，我们才体会到了世界多彩、人间百味。

随着我们的成长，“经验”的内涵也在不断扩展。上学的时候，老师会让学习成绩好的同学，或者考入某所较好大学的学长学姐，和我们分享他们的学习经验。求职时，翻阅各大网站的招聘信息，其中大多数都有一条“有相关经验者优先”。打开各大搜索引擎，键入“经验”，你会发现很多人在求教或者分享升学经验、求职经验、恋爱经验、育儿经验等等，许许多多关于我们学习、工作、生活等各个方面大大小小的经验。这些经验都是曾经有过相关经历的人经过自己的反思和内省得到的认知。

对经验的总结、学习、借鉴，可以降低我们试错的成本，提高解决问题的效率。比如，出国旅游前，我们总要做些攻略，参考别人的游记，可以知道哪一些是大家都推荐的景点，什么是旅途中需要注意的地方，从而能让自己的出行更加有规划，游玩起来也会更加尽兴；再比如，当我们想为家里添置某件物品时，我们也会询问身边的朋友有没有什么推荐，或者在某些网站、APP 上搜索某品牌的口碑。因为现在相同商品给予我们的选择太多，别人的消费经验有助于减少我们“花了冤枉钱”的可能性。

此外，经验的积累可以提高我们面对具体情境，甚至是小概率事件的应对能力。我们经常用“老司机”这个词形容一个在某方面有着丰富经验的人。这是因为在路上驾驶有着太多未知的因素和变数，对于突发事件，过往积累的经验有助于做出正确的判断和行动。川航的英雄机长刘传健，在遇到飞机挡风玻璃脱落这一极低概率的事件时拯救了全部乘客和机组人员的性命，其中很重要的一个原因就在于他过往二十余年的飞机驾驶和教学的经验。

然而，具体情况需要具体分析，每个人情况不同，别人的经验不能照搬，自己的经验也因为时间地点等情况的变化，也不能照套。由于经验强调亲身经历，因此经验更多是基于个人主观的判断。经验带给我们的可以说是“常识”，而非“知识”。一个人如果发烧了，常识告诉我们发烧通常是受凉了，所以要给他多穿衣服、多盖被子，捂一捂出了汗就好了，而且好像确实出了一身汗之后就退烧了。然而，在医学上这已经被证实是错误的做法。发烧本就是本身机体发热，热量不容易散出去。发烧的时候会越捂越热，容易引起捂热综合征，甚至诱发高热惊厥。

可见，我们的经验往往只是基于个别已发生的事实所做出的总结，即使在今后的某些场合也发挥了作用，仍只是“偶然”。守株待兔的故事我们都知道，故事中的人的错误就在于将“偶然”的常识当成了“必然”的知识。过于“迷恋”经验，其实也是犯了同样的错误。

有一个例子最能说明常识和知识的联系和区别，那就是科学。迄今为止，我们人类的知识几乎都是通过科学获得，而无论是自然科学还是人文科学，所有的科学实质上都是经验学科。科学的推理必然要来自对大量事实观察和实验的经验收集，科学的结论也需要通过经验的方式来检验。当然，科学能获得知识，更重要的是在经验基础上的逻辑推演。常识之所以不能被当作知识，就在于常识只是对事实的简单总结，没有经过严密的逻辑论证，缺乏理论的支撑，所以它不能成为具有普遍意义的指导原则。

所以，究竟我们能不能相信经验？——能。当然，能被我们相信的，必须是能够经得起逻辑的推演和经验的检验的“经验”。

哲学知识小贴士

在哲学史上，说到“经验”二字，首先会被提及的就是经验主义。在对我们的认识从何而来、如何获得真理等认识论问题的回答上，经验主义者认为，知识的真实基础是在观察中得到的。其中，最著名的代表之一就是英国哲学家约翰·洛克（1642—1704）。

“我们假定心灵就像我们所说的那样，是一块白板，上面没有任何记号，没有任何观念；心灵是怎样获得那些观念的呢？人类繁杂而又无尽地幻想在心灵这块白板上留下的东西几近无穷，心灵是从哪里得到这些东西的呢？它是从哪里得到理性和知识的全部材料的呢？我用一句话来答复这个问题：是从‘经验’得来：我们的全部知识建立在经验之上；知识归根到底都源于经验。”

以上就是洛克最有名的“白板说”。

“丧”的我　有错么

“丧”就是一种不积极不求上进的生活态度。在普遍的价值观中，“丧”是一种被批判的消极态度。并且作为一名高中生，如果“丧”那肯定是被批评的对象，不幸的是我本人就是这样一个“丧”的学生。我对学习总是得过且过，从不想着要精益求精、做到无人能及的地步。所有人都说，笨鸟先飞，可是没有人告诉过我们笨鸟什么时候应该停一停，到哪里才是终点。我认为这些上进鸟就是因为不断地上进、不断地飞，最后才飞累死了。就我看来“丧”不过是一种生活态度，不是错，更是对抗命运的一种武器。正如一生放荡不羁的“摇滚圈纪委”臧鸿飞所说：“一个文明社会，就是允许人以任何方式活着。”难道我按照自己很“丧”的生活方式活着是错误的吗？

很“丧”没有上进心又怎样？我觉得不上进依然可以过好一生，因为不上进并不意味着我就失去了生活的方向。所以面对他人对于身处最美好青春年华却“丧”对生活的我的批评，我疑惑“丧”的我真的错了么？

晓哲老师有话说

最近很长一段时间，“丧”这个字眼一直很流行，尤其是在年轻人中最为流行。“今天你丧了吗？”已经成为社会流行语，在我们学生中，“丧”的表现也很多。

我们每个人在生活中都会持有一种生活态度，这种态度对我们各方面的活动都具有导向作用，引导我们的生活，使我们的生活具有意义，给我们的生活带来快乐，进而也使我们的人生具有价值。而“丧”也是一种生活态度。

文中的该同学持有“丧”的生活态度，对其学习具有导向作用，该同学在“丧”的态度下进行学习，给其带来了快乐，使其得到满足。因此，“丧”的态度并没有给其带来烦恼，也没有使其生活失去方向。从这个方面来说，“丧”的态度真的没有错。

另一方面，从严格意义上来说，生活态度没有对错之分，只有积极和消极之分。该同学所持有的只是消极的生活态度，并没有错。因此，该同学拥有“丧”的生活态度没有错。

该同学所持有的只是一种消极的生活态度。这种态度在学校的表现就是学习没有积极性，给同学和老师的印象就是得过且过，对自己没有过高的要求。这类学生一般都是班主任老师关注的焦点。班主任老师是从旁观者的角度，从自己的亲身经历、从大量前期同学例子的角度来看待这类学生的。因此，从这个角度来说，班主任老师也没有错。那到底谁错了呢？

其实，“丧”不只是中国年轻人所面对的问题，在经济发展更为发达的西方世界也曾遇到这样的问题。哲学家查尔斯·泰勒就曾在其 1989 年出版的《自我的根源》一书中提出，现代人的最典型的道德困境是意义感的丧失，或者觉得生活没有意义，缺少方向感，没有确定性。材料中该同学对学习得过且过的态度，就是缺乏方向，找不到自己努力的方向。

“丧”的感觉来源于对现实的无能为力，它的本质是对现实的一种逃避。在学习、工作中，我们不可避免地会经历碰壁，“丧”的人就会不再愿意去为了不可知的未来努力，进而接受诸多不如意，用一种“丧”的心情去消极对待问题，面对现实世界。

“丧”的人们不相信自己的努力和付出会得到回报，不认为未来和明天是充满希望的。没有想要的东西，也没有必须要完成的目标，对生活没有很大的欲望和野心。在生活中，看似是调侃的“丧”，其实充满着对生活的无奈。

为你支招

该同学在材料开头就表达了“丧”是一种不积极不求上进的生活态度，说明他已经对其作出了判断，认为这是不好的一面。在文中，该同学还讲道：在普遍的价值观中，“丧”是一种被批判的消极态度。这说明他把“丧”放在社会角度去理解了。以上说明，该同学的判断是没有问题的。他的困惑主要在选择上。那么，我们应该如何做出自己正确的选择呢？

针对很“丧”的我们，必须要做出选择，在选择中找到所欲捍卫的事物和价值。选择之后，你也许会失败，但在你放弃之前，它都不叫做失败。通过捍卫自己的价值，可以找到自身存在的意义，进而可以摆脱“丧”对我们的不利影响。

针对我们高中生出现的“丧”的现象，我们也可以尝试做一些努力。具体来说，可以从以下三方面进行尝试。首先，可以找一些你认为非常优秀的同学聊聊天，因为他们也许也有从“丧”到“不丧”的经历；可以借鉴。其次，可以多去那些氛围感觉好的地方。比如喜欢打球的就去篮球场，看看别人为了追梦篮球多么开心快乐。喜欢画画的就去画室之类的。喜欢学习的就去好的大学感受一下。你总能从他们的生活中发现新的东西，从而引发自己的思考；最后，在条件允许的情况下，单纯地出去看看美丽的风景，在放松的时候，好好思考一下自己未来到底要怎样的生活。还有一点要相信丧这种感觉自己是完全可以控制住的。

哲学知识小贴士

人们从事各种实践活动，同各种事情打交道，要不断进行判断和选择。对事物能否满足主体的需要以及满足的程度作出判断，这就是之判断。人们在从事实践活动时还要考虑“能不能做、该不该做”等问题，这就是价值选择。人们总是在价值判断的基础上进行价值选择的。价值判断是价值选择的前提和基础，可以说，有什么样的价值判断就有什么样价值选择。①

价值判断是一种复杂的认识活动。人们的社会地位不同、需要不同、价值判断和价值选择也不同。价值判断和价值选择往往因人而异。面对同一个问题，人们的不同表现体现价值判断与价值选择的差异，产生不同价值判断与价值选择的冲突。这就要求我们明确价值判断和价值选择的标准，分辨什么是对的，什么是错的，应该怎么做、不应该怎么做。

---

① 国家教材委员会：普通高中教科书　思想政治　必修4　哲学与文化［M］. 北京：人民教育出版社，2019：77—78。

存在的缺席

周四考完一模，周五继续上学。

早上，木木走进教室，坐在自己位置上。

周围的同学们似乎尚未从考试带来的某种情绪中恢复过来。有的极为兴奋地讨论着某道压轴题的答案，有的非常悠闲地听着音乐，也有的聚在一起有一搭没一搭地聊天。大家的声音汇聚成一种和声，笼罩在木木周围，加上教室中若有似无的幻灯机灯泡的灼热气味、冬日透窗的阳光，共同构成一幅实实在在的校园风景。木木忽然感到有点高兴。木木喜欢大家，就是“在这里”，一起在这里。

上课了。同学们纷纷坐在自己的位置上。这时木木才发现第二排空了一个座位。小天没有来上学。木木想起小天似乎去了 P 大。怪不得，今天早上没有看见她的身影，没有听见她自称“招牌式”的“杠铃”般的笑声。

座位空着。木木凝视着。好奇怪，一种真空般的感觉。小天没有来学校，她“不在这里”。物理老师正在讲一道气体压强的题。U 形管中一道气柱。“空气是我们通常认为不存在的东西……但是空气是一种物质，它存在，并且产生了……向下的……压强。”

木木漫不经心地听着。气体压强是非常简单的基础题，不是非常要紧……木木收回了凝视空座位的目光。小天的缺席并不是她真的“不在这里”了，小天存在着，用“缺席”的方法“存在”着——因为至少此刻，木木忽然不可抑制地想着小天——不是“想念”，不是“想起”，而是“让我想想”的“想”——小天在木木的脑海里，展现了她不可置疑的“存在”。

晓哲老师有话说

高中生在接触了哲学以后，开始用哲学思考问题，向深度上发展了。看了同学的故事，她的疑惑来自哲学中的本体论思想。我猜想她的疑问来自马克思主义哲学中关于物质的概念和特性。马克思说物质是不依赖于人的意识，并能为人的意识所反映的客观实在。“客观实在”与“客观存在”是两个不同的概念。列宁在物质定义中的“客观实在性”是不依赖于我们的意识而存在的东西。“客观实在”是世界万事万物具有的共同特性的抽象概括，相对于意识来讲它是第一性的东西。它不包括我们的精神、意识现象。“客观实在”是除意识以外的万事万物的总和。

“客观存在”最具体的含义是：世界上一切具体事物，包括物质的各种具体形态、它们的具体的相互作用、具体的运动、具体的时空以及关于具体事物的具体的感觉、知觉、表象是存在概念的第一层内容。“客观存在”是相对于“主观”而言的。它既可以指具体的物质形态，也可以指具体的精神和意识。对我们来说，“客观存在”的东西除了物质现象之外，还有思想等意识现象。故事中木木觉得小天的存在，是依赖木木的意识，其他同学未必觉得小天的存在。关于小天的存在是依赖木木的意识。比如，除木木以外，有个同学也想起小天，对于木木来说就是客观存在的。但这并不等于说，承认他人的思想是“客观存在”的，就是承认了他们的思想是“物质”的。因为他人的思想、意识虽然对我来说是“客观存在”的，而对木木来说则是主观的，它仍然是对客观实际的反映，是第二性的东西。因此，对他人的思想我们只能说是“客观存在”的，而不能说是“客观实在”。“木木想小天”是表象，所以确实是属于客观存在的范畴。

“客观存在”同“客观实在”之间的区别可以概括为，客观实在相对于“人们”的意识而存在，而客观存在是不依赖于“我”的个人意识而存在。前者的“客观”相对于“我”的主观而言，是相对的、多变的；后者的客观是针对“人们”的主观而言，是绝对不变的。总之，“客观实在”与“客观存在”二者既有区别又有联系。

为你支招

概念是构成科学理论知识体系的基本单位，是最基本的科学理论知识。同学们在学习和掌握任何科学理论，必须重视对其中基本概念的理解和掌握。那么怎么学呢？首先必须在目前知识体系的框架下去研究概念，切忌泛化。故事中个“存在”“实在”是哲学家们经常使用的概念，但是每个哲学家都用自己的方式解释世界，所以在概念界定时也会不同。上面的分析是在马克思哲学框架下来理解的，但是离开马克思理论，对这个问题的解读一定是有不同的。比如萨特是存在主义的代表人物，他认为“存在”，首先是“自我”存在，是“自我感觉到的存在”，我不存在，则一切都不存在。我们今天不纠结观点的对错，按照这个观点对故事的解释必然是不同的。在学习中同学经常会犯这样的错误，泛化对概念的认识，把生活中的一般用法来替代，必须明确今天讨论的是哲学范畴的存在，是一个名词。日常用语中的动词存在是指事物在具体时间、具体地点中。而哲学的存在概念是个不受时空限制的名词。这是高中生学习概念中必须建立起来的观念，否则就会出现很多困惑。

哲学知识小贴士

物质是不依赖于人的意识，并能为人的意识所反映的客观实在。

——马克思

物、物质无非是各种物的总和，而这个概念就是从这一总和中抽象出来的。

——恩格斯

物质是标志客观实在的哲学范畴，这种客观实在是人通过感觉感知的。它不依赖于我们的感觉而存在，为我们的感觉所复写、摄影、反映。

——列宁

物质的唯一特性是客观实在性。辩证唯物主义的物质概念，概括了宇宙间一切客观存在着的事物和现象的共同本质，而不是指某一种具体的物质形态。①

① 国家教材委员会：普通高中教科书　思想政治　必修 4　哲学与文化［M］. 北京：人民教育出版社，2019：18—19。

应该相信谁?

现在处在信息爆炸的时代，各种信息扑面而至，让我困惑的是，它们往往各执一词，我怎么知道哪些信息是假的，哪些信息是真的呢?

这些信息往往各有各的逻辑，各有各的依据，作为普通人，我完全没有能力找到其中的漏洞，就算有打假文章出现，我也不敢相信这打假文章的内容就是正确的。

现在不仅是这些网络上来源不明的信息，还有一些时候，其他些信息也都是值得我们去相信的：比如说书上的内容，或者父母说的话，老师说的话等等，但他们对于同一事物的解释都不相同，甚至，更令人觉得不解的是，他们自己在不同时候对于同一事物的解释都是不同的，那这种时候，我究竟怎么判别哪些信息是真正对的呢？还是说，“其实他们说的都不是客观的，真理应该我自己去寻找呢”？如果是这样，那我又从何找起?

晓哲老师有话说

晓哲老师在自己的教学中，也常常碰到同学问这样的问题：“昨天你不是这么说的，今天说的和昨天说的怎么不一样?”我就会让同学把昨天在什么情况下说的，让同学呈现出来，然后比对一下，让同学体会两者的不同。高中生知识有限，往往不能理解两种讲法的不同，就是专家或老师离开自己熟悉的领域，要理解所有人的呈现逻辑也会是困难的。因此，我特别能理解高中生的困惑。

在寻找真理的道路上，必须明白一点那就是真理都是具体的，客观存在的一切事物都是具体的，它们存在于一定的具体环境、条件之中，包含着具体矛盾，矛盾诸方面有各自的具体地位，彼此之间发生着各种具体关系，等等。比如“价值”这个词的含义是什么？经济学和哲学给了不同的答案。从哲学认识论上来说，是指客体能够满足主体需要的效益关系，是表示客体的属性和功能与主体需要之间的一种效用、效益或效应关系的哲学范畴。用浅显一点的话来说，就是对我越有用，就越有价值。经济学中价值就是凝结在商品中无差别的人类劳动，即商品价值。价值是商品的社会属性，体现了商品生产者互相交换劳动的社会关系，而不是商品的有用性了。这两个观点都是马克思的，难道是马克思自相矛盾？不是吧，而是他从不同的视角得出的。当知识不够丰富的时候，往往会被混淆。真理总是具体的，一切真理都是具体真理，抽象真理是不存在的。真理具体性的原则要求人们在观察问题和处理问题时，不应该从抽象概念出发，而是要有时间感、空间感、状态感，对具体问题作具体分析。如果从抽象概念出发，去争辩实际问题的是非，它不仅不能使问题得到正确解决的办法，而且只能造成人们思想上的混乱。

为你支招

从上面的分析，大家也应该可以得出一个结论，一个人再博学，也不可能对世界上所有领域能了如指掌。那我们该怎么办呢？首先是尽量多地去获得知识。对晓哲老师来说，经济、哲学、政治学的知识略知一二外，其他知识很缺乏，上哲学课却是要讲一些自然科学的知识，那就只能向其他学科老师求教。高中生也一样，学习过程中不要偏科，积极汲取各门学科的知识，才能识破真理和谬误。除此之外还要通过课外阅读，获得更多的学科以外的知识。曾经听到一个学霸同学说，她在英语阅读的过程中获得了很多知识。相信一个人如果知识越是丰富，越是有辨别能力。古人云“吾生也有涯，而知也无涯”① 意思是人的一生有穷尽，而知识是没有穷尽的。我们会非常钦佩博学的人，仰视别人不如自己行动，所谓“临渊羡鱼，不如退而结网”，做一个博学的人，用自己的知识来为他人释疑。

其次，要树立起真理是具体的观念，并在学习过程中多思考。晓哲老师曾经碰到这么一个同学，他做了一件特别有意义的事情。他对作文很有自己的研究，一直在研究一些作家的写法，但是在考试中，作文的分数并不高。他就带着困惑给认识的所有语文老师看，甚至他给政治老师和历史老师看，并做了笔记，进行总结。我不知道其他老师给他什么建议和评价，但是想来肯定是不同的，即使是语文老师，分析作文的风格和视角也不会不同。记得我给他的建议是，考试作文是老师在很短的时间内看的，所以表达要清晰，不能过于复杂，让阅卷老师不明白你的意思，但是时间又不允许反复推敲，这样的打分不会高。我的角度和语文老师可能不一样，这位同学也觉得讲得很有道理，表示要在以后的考试中改进。这位同学已经意识到了真理的具体性，他希望从不同方面找到自己写作的问题。那么高中生的学习或者是获得一个信息，一定要分析在什么条件下讲的，然后再把握知识的真理性。

最后，保持追求真理的信念。故事中的高中生有对追求真理的强烈愿望，这是多么难能可贵啊！如果我们能一直保持这样的信念，执着地追求真理，相信我们必然会越来越接近真理，拥有真理。

---

① 出自《庄子·养生主》。

哲学知识小贴士

真理都是有条件的。任何真理都有自己适用的条件和范围，如果超出了这个条件和范围，只要再多走一小步，哪怕是向同一方向迈出的一小步，真理就会变成谬误。

真理都是具体的。任何真理都是相对于特定的过程来说的，都是主观与客观、理论与实践的具体的历史的统一。如果我们不顾过程的推移，不随着历史条件的变化而丰富、发展和完善真理，只是照搬过去的认识，或者超越历史条件，把适用于一定条件下的科学认识不切实际地运用于另一条件之中，真理都会转化为谬误。①

---

① 国家教材委员会：普通高中教科书　思想政治　必修4　哲学与文化［M］.北京：人民教育出版社，2019：54—55。

珍惜生命

随着年龄的增长，有一个问题变得越发清晰起来：人类个体命运的终点是走向消亡。——不只是肉体的消亡，更是全部思维与个人意志的彻底消失。死亡由于对个体感知与认识本领的剥夺能力而格外可怖。影视、艺术作品对于死亡的浪漫化表现的确可以引发我们的共鸣，然而却无法消弭死亡的概念带来的震撼。事实上无论科技的发展程度，人类对于死亡时期的延缓能力是非常有限的，因此客观事实就呈现出消极的姿态：我们终将死去，且时间未知，地点不限。既然结果既定，又应该如何正确看待过程呢？而过程又是否失去其原本的一部分意义？这个问题使我感到困惑。应该如何去认识死亡，又应该在死亡必然性的前提下正确对待生命？

晓哲老师有话说

死亡，中国人的文化里最忌讳的字眼之一。对于一个人的死亡，中国的语言里总有各种各样委婉的说法，古语里常有亡、故、卒、薨、殁等，今天我们常说的是去了、走了、不在了、逝世、离世等，小孩子的死叫夭折，老人的死叫驾鹤西去，正当壮年的死叫英年早逝，戏谑的说法有翘辫子、上西天、见马克思，庄严肃穆的说法则是与世长辞、溘然长逝。总的说来，翻开字典，关于死，我们可以找到一两百种说法，我们就是不愿意轻易说到那个字——“死”。甚至与之相关的事宜都是我们唯恐避之不及，例如长久以来，大多数中国的老百姓是不愿意从事与殡葬相关的行业的，因为那是一件很晦气的事情。

然而，无论我们多么不情愿提及“死亡”这个字眼、这个话题，我们谁也逃不离死亡的命运。我们来到这个世上，尽管人生的轨迹各不相同，但是我们殊途同归，我们从生下来的那一刻开始就向着一个共同的终点站——死亡而前进。所以，但凡想把这一生活得明白点的人，就不会不思考“死亡”。正如周国平所说：“人生只是瞬间，死亡才是永恒，不把死透彻地想一想，我就活不踏实。”

什么是死亡？现代社会中，宣布一个人死亡往往是由医院开具一份死亡证明，这是我们最容易理解和接受的关于死亡的定义。医院开具死亡证明的依据是什么？是医学上一个人的生命体不再能维持他的生命延续，也就是他的肉体不再能够存活，比如心脏停止了跳动，不再能进行自主呼吸。然而，随着现代医学的发展，一个人的肉体生命体征可以通过先进的药物和仪器设备加以维持，但是医生在经过一系列医学检测和判断之后，还是会对某些病人做出“脑死亡”的判断，即这些人已经不再可能恢复意识，医学上也可以宣告此人的“死亡”。可见，现代人对于生命的理解是双重的。人，作为一个有意义的生命体，不仅仅是肉体的存活，还必须具有自我意识。任何一方面的缺失都是死亡的开始。

什么？死亡的开始？难道死亡不是一切的终结吗？这其实已经涉及了哲学中的一个无法回避、争论不休却又没有定论的问题——身心合一还是身心二元？认为身心合一的人会认为，人的意识作用发生在大脑里，当人的肉体死亡，意识也就失去了赖以存在的客体，意识也就消亡了。然而对于秉持身心二元理念的人来说，意识是独立存在的，一个人的肉体死亡，但是他的灵魂未被毁灭，灵魂只是离开了这个身体。因此，死亡不是终结，死亡只是开始，因为身体死亡之后，人的灵魂会升入天堂或下入地狱，或者投胎转世寄于另一个身体，开始新的一轮生命轮回。

人死之后究竟有没有灵魂？这个问题至今没有定论。但是对这一问题的认知却会影响着你对死亡的态度，进而影响到你会如何度过你这一生。或许你会认为，死亡就是一了百了，所以这一生就该及时行乐无所顾忌；或许你会认为，死后我的灵魂能否升入天堂，是由我这一生的行为所决定的，所以在我活着的时候我要多做善事；或许你会认为，我无法确定死后是否有灵魂，我唯一可以确定的是我还活着，所以在我可以真切感受的时候，我要尽可能地珍惜当下、尽情体验生命的多姿与美妙。

不要忌讳去谈论死亡，死亡是一件伟大的事情。死亡带来生的意义。如果没有恐龙的灭亡，也许就没有人类的诞生。

不要不接受死亡，永生并不似想象中的那么美好。生命的精彩就在于你所获得的快乐总是短暂的，所以你才会有激情、有欲望、有活力。

不要拒绝去思考死亡。你永远不知道你的死亡什么时候来临。只有对死亡想明白了，并且做好了准备，当死亡真正降临之时你才不会惊慌失措。

我们都是珍惜当下、珍爱生命。让生活多彩、让奉献无限。

附录　推荐给中学生的十本哲学书

1. 苏菲的世界

《苏菲的世界》一本风靡世界的哲学启蒙书，已翻译成54种语言出版，全球销售超过三亿册，获得挪威、德国、西班牙等国图书大奖，在挪威设立了环境与发展奖项——“苏菲奖”。

苏菲这个名字有智慧的意思。那么，《苏菲的世界》也就是智慧的世界。14岁的少女苏菲不断接到一些极不寻常的来信，世界像谜团一般在她眼前展开，苏菲开始思索，运用少女天生的悟性与后天知识，企图解开这些谜团。看到这里中学生是不是很想看下去，像侦探小说吧！在一位神秘导师艾伯特的指引下，苏菲开始思索各位大师所思考的根本问题。苏菲在艾伯特的指点下，从远古罗马到现代的不同时期有突出贡献的哲学家们讨论的话题以及他们的经历和遭遇。把整部世界哲学史在你眼前演变了一遍。苏菲的所到之处，到处都凝结着文明的精华。想了解哲学、初学哲学的中学生能够跟着苏菲的一起思考和学习，不仅让你知道不同时期的哲学家在思考什么，哲学史框架也有会隐约有一个框架，同时也会让你感受到哲学家在追求真理的路上的那种执着，比如苏格拉底为真理而牺牲的精神，都会给你精神上的启迪。

作家乔斯坦·贾德1952年出生于挪威，担任高中哲学教师多年，以这本书奠定他的全球十大作家的地位。晓哲老师是一名政治教师非常，敬佩这位作者，把自己对哲学的理解能用这么一本哲学读物来传递给年轻的一代又一代人。这本书也成为很多哲学教师的案头书，每当我教哲学的时候，就会阅读一些章节，来丰富自己，并用到教学中，或是介绍给学生或是和学生一起讨论，总是会对哲学思想有更多的理解与收获。

《苏菲的世界》不仅是教师自己阅读的书籍，还可以成为引导学生阅读的书籍。我身边也有一些语文老师也会让学生去读。那么到底怎么读呢？首先是要有一个阅读计划，规定每周的阅读，毕竟这是一本哲学书，还是有很多晦涩的部分，是需要毅力来完成的，有了计划就会推动阅读；其次按照书的相应的段落，做一些读书笔记，否则很容易弄混乱。比如当读完自然派哲学家后，做一些梳理的工作，把哲学家们各自不同的观点列出来，来研究大家们的共性，他们都认为世界是由大自然的某种东西构成，大概你要读两到三遍才能梳理清楚。再次，在课堂里可以进行讨论和分享，哲学课上或是语文课上。教师适时做点点评，可以释疑也可以纠正一些错误的认识；最后，在阅读与分享的过程中，要充分地让高中生来主讲与分享，作为高中生的你也要积极参与讨论，你会从阅读中获得更多，晓哲老师身边就有这么一群爱表达爱分享的高中生，通过分享让老师和同学都感受到阅读的乐趣和价值。

同学的阅读心得

说到哲学，你会想到什么呢？是枯燥的文字游戏？抑或是“没事找事”的“多此一举”？不论你是否了解过哲学，或对哲学曾有过偏见，《苏菲的世界》都能用其独到的叙事风格，打破你的刻板印象，告诉你哲学并不是高高在上的世界真理或是虚无的理论，而是实实在在，存在于你我身边的“人生必需品”。

这本书以苏菲，一位14岁少女的视角，描述了单调乏味的世界如何在哲思中一步步展开。书中一开始就抛出了两个看似很深奥的问题：你是谁？世界从哪里来？面对这样的问题，主人公苏菲一开始也有退缩，但当她真正开始思考时，一扇崭新的大门便打开了。事实上，我认为这个情节甚至比后面的哲学史正文更重要。因为这不仅是在告诉苏菲，更是在告诉读者，哲学的灵魂在于思考。如果没有思考这一过程的参与，哲学结论也将沦为空洞的口号，甚至是无用的废话。正如书中借艾伯特之口所说，一旦你因为世界太复杂而放弃了对世界的思考，那么你的生活终将走向单调，走向世俗。拿出思考的勇气，便是学习哲学的第一步，更是开始真正生活的第一步。

当然，仅仅思考是不够的。正如古人所言，“思而不学则罔”，有了思考作为开端，还需要进一步的学习。这时哲学史就成为了哲学初学者的好朋友，因为初学者的思维方式往往类似于哲学这一学科萌芽时的古人，苏菲的哲学之旅正是由此启程。

比起“填鸭式教育”，艾伯特所采用的先提问引导苏菲思考，再提出古人（哲学家）对这一个或这一类问题的看法，让苏菲充分思考并质疑的循循善诱法，不仅教导了书中的苏菲去探索世界的方法，更教会了读者如何去学习。与大家常识相悖的是，哲学与科学一样，不是教导你去相信；正相反，它们都在指引你去质疑。苏菲便是在半信半疑中，通过不断地质疑与接受，建立了属于自己的哲学世界观，并在书的末尾成为一名货真价实的哲学家。

除了引导读者批判思维的学习方法与西方哲学史大纲这些内容，本书的体裁——元小说也是一大亮点。身为艾伯特笔下的人物，苏菲意识到了自己是虚构的，最后还逃出来艾伯特的书中世界。可是你有没有想过，能决定苏菲与艾伯特生死的艾伯特本人与捧着苏菲的故事看得不亦乐乎的席德，也是书中的角色呢？更进一步，此刻看着这本《苏菲的世界》的你，又身处什么样的世界呢？看完了这本《苏菲的世界》，你有没有意犹未尽，想看看《“你”的世界》呢？如果你有，并像书中最开始的苏菲一样开始思考世界，我想作者乔斯坦·贾德的目的便达到了。

2. 哲学家们都干了些什么

如果你从未接触过哲学而又对哲学有了那么一些好奇，那么你可以从这本《哲学家们都干了些什么》开始。在这本书中，作者以时间为线，对哲学史特别是西方哲学史进行了较为全面的梳理，读完之后你会对哲学的框架、哲学在研究什么等问题有个大致的了解。并且，作为哲学的入门书，作者对哲学思想的介绍通俗易懂，不会让你拿起书翻两页觉得一头雾水然后放下再也不碰，反而让你觉得哲学好像也挺有意思，可能会激发你进一步深入了解哲学的兴趣。此外，思想的迸发与升华总是在历史发展的进程中。因此，相较于其他哲学史的书籍只是单纯从哲学思想角度来介绍哲学，《哲学家们都干了些什么》这本书将哲学融入西方历史，并与宗教、科学等相联系，这无疑能够更好地帮助我们中国读者理解西方的哲学思想。

如果你曾经接触过哲学，但是对其中的一些概念、理念觉得疑惑不解，或者一知半解，那么你可以看看这本《哲学家们都干了些什么》。作者深入浅出的语言、生动的事例、幽默的比喻等有助于为你答疑解惑。例如，唯我论和目的论，是两个在曾经的政治课堂中作为被批判对象的概念。然而既然能够流传至今，说明它们都必然有着可取之处。在书中，作者就认为唯我论也好，目的论也好，虽然在唯物主义者看来荒谬至极，但也可以给予我们理解人生的全新视角。作者列举了《少林足球》中谷德昭饰演的落魄胖子在面对困难时那一声给人力量的呐喊："这都是幻觉，吓不倒我的！"这是唯我论的论调，它可以让我们只用面对自己的内心，从而变得更加坚强。

如果你对哲学的印象只是严肃、刻板、深奥，哲学家们总是说着别人怎么也听不懂的话，那么你也可以翻一翻这本《哲学家们都干了些什么》。读完之后，你会发现哲学也可以这么有趣。在这本书中，人还是那些人，事儿还是那些事儿，思想仍然是那些思想，但是作者采用了现代化甚至有时候是网络化的语言，行文幽默诙谐。如亚里士多德那句著名的"吾爱吾师，吾更爱真理"就被作者解读成"有理就说理，别拿辈分压我"。同时，作者又将那些哲学大家当作平凡人一样加以调侃，间或介绍一下他们的生平甚至是八卦，读完你会觉得哲学家们也都是普通人，也有着可爱的一面，哲学也会让你觉得平易近人了许多。

总之，《哲学家们都干了些什么》能够给你带来极度舒适的阅读体验，时不时还能让你会心一笑甚至捧腹大笑，是一本你从未见过的哲学书。即使是有着一些哲学专业素养的人，也不妨读一读，读完之后你或许会有这样的感触：原来哲学还可以这么讲。特别是对于从事哲学教学的教师来说，最怕哲学课堂变得枯燥无味，如何激发学生学习哲学的兴趣，这本书的作者可以说是提供给我们一个思路与方法加以借鉴。

同学的阅读心得

《哲学家们都做了些什么？》是林欣浩所著的一本有趣的哲学简史，作者用生动风趣、通俗易懂的语言为读者梳理了一遍欧洲哲学史，让我这个从未对哲学做过任何了解的小白受益颇多。

这本书首先颠覆了我对于战争与文化之关系的理解。

一直以来，在我受到的教育中，战争总是恐怖的、血腥的，几乎没有战争带来的有利因素，如果一定要强拉进来一条，那就是它推动了历史发展的进程。但是读了这本书，我却知道：因为亚历山大铁骑的入侵，希腊的哲学著作得以传播，免于消亡。战争往往是导致文化断层的第一推手，而这次，却给了希腊哲学宝贵的生存空间。如果没有这次战争，希腊哲学就必定消亡或者极有可能会消亡的重要因素之一是宗教势力。

但再看古代中国，成吉思汗的铁骑也几乎踏遍了亚欧大陆，却没有什么重要思想传播到世界。再加之战国百家争鸣时代一过，中国历史上便出现一个人，秦始皇。他焚书坑儒，采取了愚民政策，虽然很大程度上统一了人民的思想，使得后代的君王，不论是独尊儒术还是崇尚老庄，在统一思想方面都较为轻松，但是大多数人都放弃了思考，选择让儒家的顺从等思想在基因中根深蒂固，同时，这也要“归功于”中国一千二百多年的科举制度，八股之士，胆敢怀疑？更无论思考了。王国维说：“可爱者不可信，可信者不可爱。”怪不得书中作者要称对各流派思想大包容的亚历山大为“可爱者”，而称秦始皇为“可信者”了。

继续自视，我们现在虽然身处和平年代，也没有无聊刻板的八股取士，但是真的能做到文化大包容、思想真开放吗？我认为还需等待。

其次，这本书写的哲学带给我的最大印象便是——生于怀疑、孕于思考。

书中一开篇就提到了苏格拉底，一位地位等同于中国孔子的哲人。而苏格拉底的质疑精神则就是一切哲学的源头。他聪明绝顶、乐于提问的同时勤于思考，但令人啼笑皆非的是，他却也死于他的好问——因为他实在是太烦人了！尽管如此，也无人能撼动他“圣贤”的地位，一如作者所说：“他的怀疑是理性文明的开端和标尺，所有的思想都因他的怀疑而生，最后还能经得住他的怀疑才算合格。正是照着这个标准思考，西方人才有了哲学、科学，才创造了现代文明。”苏格拉底宁愿死也要怀疑，为什么？因为怀疑是思考的起点，也是思考成果的检验者。怀疑的最大作用在于能让我们避免独断论，引导我们寻找正确的答案，以免我们轻信一切未经证实的结论。

这不禁让我联想到了我们学生的日常学习。在学生中，有多少人为了成为“乖学生”“好学生”而几乎是只会接受却从不质疑？迷信权威的“恶习”蔓延在我们中间，就像罗振宇所说的“把自己当成了一个空垃圾桶，等别人把东西倒进来，不做筛选，全盘接受”。在我读这本书的时候，总是能发现，这世上有很多问题没有标准答案，在哲学这一门学科中更是如此。读这本书的时候我在想，既然每一种思想都有被后来者推翻的可能，那我们去思考又有什么意义？其实古往今来那么多的哲学家们早已用行动回答了这个问题。人类作为有思想的生命体，首先应该有去怀疑的勇气，与其说世界创造了我们，不如说正是因为我们去怀疑、思考、认识才有了世界这一概念。对于笛卡尔的“我思故我在”一句的认知，现代人“人生的意义就是去思考”“我存在因为我思考”的解读或许更符合当今社会的需求。

最后，作者的“敬字惜纸”的观点深深地打动了我。对于文明，朝代的更迭、国家的兴亡，都在他的面前上演过，但文明之命，有时却掌握在这些流水中间——焚书、毁掉学校、用暴力限制言论……那些文弱书生拼死护下的一本本书、一张张纸，在现实面前显得如此无助与珍贵。

敬字惜纸，更敬文化惜文明，我们的真正幸福与自由会上路的。

3. 德意志意识形态

马克思主义思想发展史上，马克思和恩格斯合著的《德意志意识形态》是一部里程碑式的重要著作，马克思和恩格斯阐述了唯物史观和共产主义理论的重要的著作。在2019普通高中教科书《思想政治必修4哲学与文化》中，在阐述马克思主义哲学的历史使命的章节中就介绍了这本书的价值："这本书和《关于费尔巴哈的提纲》是哲学史上实现了第一次彻底的革命，标志着马克思主义哲学的正式创立。"这部巨著主要内容包括三个部分：一是对当时的青年黑格尔派的代表人物费尔巴哈、鲍威尔和施蒂纳的唯心主义历史观进行了批判并在此基础上系统地阐述了历史唯物主义的基本原理；二是通过对"真正的社会主义"或"德国社会主义"的批判，在历史唯物主义世界观的指导下系统地阐述了科学社会主义的基本原理；三是通过对人类历史的分析，特别是资本主义社会的分析，比较系统地论述了资本主义社会的起源，以及资本主义社会的基本矛盾。

在这里给同学们推荐的版本是人民出版社在2018年马克思诞辰200周年时编辑推出的《马克思恩格斯著作特辑》中的本节选本。这本著作有两卷，篇幅宏大，内容丰富，思想精深，这个版本主要节选了第一卷第一章《费尔巴哈唯物主义和唯心主义观点的对立》，阅读这本书，可以对高中思政统编教材的相关知识有深入的认识。就《德意志意识形态》的具体内容来说，可以分为两个层次：第一个层次是在哲学层面上，第二个层次是在政治学层面上。这里主要推荐大学在哲学层面上的两个方面：一是马克思阐明"物质决定意识"是历史唯物主义的出发点，也是批判德国哲学的立足点。二是现实的个人是历史唯物主义的起始概念。当然哲学层面如果能理解了，对理解政治学意义上会有帮助，提高政治认同。

高中关于马克思主义理论的学习主要阅读素材是教材，可能同学们已经在思考马克思在著作中是怎么阐述的呢？读原著就是一个最有效的方法。当然高中阶段由于认知能力的有限，精力有限等特点，读大部分作品比较困难，建议文字从这本书开始。人民出版社的单行本，多为节选本，包括后记共 137 页，重点部分的第一章有 80 多页，这是我阅读的重点部分。第二部分介绍了第一卷和第二卷中的重要论述，都是短小精悍的段落，所以晓哲老师认为是适合高中生阅读的。

最后介绍一些书中的高频词，“实践”社会存在和社会意识“唯物主义”“政治和理论”“经济基础和上层建筑”，这些词汇在高中教材中都有涉及到，还有一些词汇：比如“分工”“市民社会”“交往形式”“真正的社会主义”等等，等待你从阅读中得到答案。

同学的阅读心得

在学习思想政治必修四哲学与文化时，教师推荐了一些书目，出于对阅读历史唯物主义奠基之作的兴趣，我开始阅读《德意志意识形态》。在这本书的开头，马克思先破后立，批判被“重力思想到进住”的现代青年黑格尔派哲学。也就是与意识的产物进行斗争，用词句来反对词句的转移现实矛盾的行为。于是，马克思提出以实践为核心的观点，强调人的实践与关系的客观性。以此点出写作目的：揭露当代德国意识形态与哲学的唯心。他曾说：“哲学家们只是用不同的方式解释世界，而问题在于改变世界。”我想这句话很适合在同学们学习唯物史观的过程中品味。这富有超越意义扎根于实践的一本书，使我时常自省自己思维的严密性，在认识事物时是否出了一个固定的试图“理解”的立场而不全面地运用唯物历史观。

阅读过程中，除了从书中提炼和概括，我也得以基于自身储备对唯物史观的理解进一步拓展。这联系的过程包括对生前看来“直观”的事物用“哲学的眼睛”进行重审，在历时态视野中将其与现实建立连接——这就使得我们对社会历史发展的规律的理解更为深刻；形象的有关生产力和交往形式之间矛盾的溯源考证，对社会运作形式的延伸论述——这是我们学习唯物史观的基础。总的来说，我十分推荐同学们阅读这本《德意志意识形态》，多一些批判精神，加强自己的社会责任感。

4. 矛盾论

今年是毛泽东的《矛盾论》发表86周年。“矛盾论”和“实践论”是毛泽东思想的哲学基础，是中国化马克思主义的重要哲学成果。1937年8月毛泽东在延安的窑洞里，奋笔疾书、殚心竭虑，在对第二次国内革命总结时，力求从马克思主义的世界观和方法论来武装广大干部。毛泽东全面地分析了马克思主义矛盾观：两种宇宙观矛盾的普遍性；矛盾的特殊性；主要矛盾和主要的矛盾方面；矛盾诸方面的统一性和斗争性；对抗在矛盾中的地位。

高中统编教材《思想政治必修4哲学与文化》，在唯物辩证法的实质与核心这个章节中多处引用了毛泽东在《矛盾论》里的思想。能够回答同学的疑问就是《矛盾论》没有过时。虽然可能毛泽东在文中选用的例子和具体材料可能会过时，但它们阐明的马克思主义哲学基本原理，它们体现的马克思主义的立场、观点、方法永远不会过时。“矛盾论”所阐述的马克思主义认识论和唯物辩证法的理论原则，以及由此引申出的一系列重要结论，诸如“对具体矛盾进行具体分析”“分清主要矛盾和次要矛盾”“做好矛盾转化工作”等等，不仅是我们党在民主革命时期以及社会主义革命和建设取得胜利的思想法宝，也是新时代下我们进行中国特色社会主义建设所必须遵循的理论指南。在这本书的撰写中也有多个案例用到了矛盾论的观点，来对同学们的学习、生活、对社会现象的认识等进行分析与支招。

从高中思政课教学的角度入手，也可以通过阅读“矛盾论”补充一些教材没有选用的矛盾论的知识。譬如毛泽东以中国共产党的成长历史为例，清楚地论证了矛盾内外因的关系。内外因在统编教材中没有选，但是确实很有价值的哲学思想。毛泽东在书中谈道：如果没有 1927 年党内的机会主义，就不会有大革命的失败。但当我们认清了机会主义的错误时，中国共产党就进步并比原来成熟了。但是随后，党内又因为出现了盲目乐观的情绪并而走向冒险主义，革命就再次遭到严重挫折。但当我们纠正了这种错误时，中国共产党就能经受住任何考验，并战胜了长征途中的一切艰难险阻。所以，无论是其曾经的失败还是今天的胜利，都是由自己内部的因素决定的，外部的因素只能起到“辅力”的作用。分析出了内因是事物变化发展的根据、外因是事物变化发展的条件，外因通过内因而起作用。同时对当时的这段历史也有了更深入的了解。

推荐给大家读这本书，期待和大家一起课堂上一起讨论，分享更多的收获。

同学的阅读心得

通过学习思想政治必修四中的唯物辩证法的实质与核心一课，我接触到了一个全新的概念——矛盾。为了更好了解矛盾论的内容，张老师推荐我们去阅读毛泽东的矛盾论。在阅读这篇文章之后，我更加深入地理解了矛盾论的本质和重要性。

《矛盾论》讲述了矛盾的普遍性、特殊性和转化性。在阅读时，我更加清晰地意识到矛盾是普遍存在的客观事实，毛泽东先论述了两种宇宙观，一种是形而上学的见解、一种是辩证法的见解，形而上学这个名词在课本上没有太多的论述，但通过毛泽东对这两种宇宙观详细的阐述以及举例，让我对辩证法有了更深一步的理解，无论是社会、自然界还是人类的内心，都通常存在着不同层次、不同程度的矛盾。这些矛盾在于事物的内部，是一种质变，而不是单纯的数量加减（这也与教材上的事物发展观相呼应）。毛泽东通过一些科学上、社会上的例子，综合分析了只有事物内部的矛盾才能促进事物内部变化，从而推动事物发展。比起单一的哲学论述，这些生动的事例能让我更好理解。

矛盾论还阐明了不同类型的矛盾之间存在的特殊性。人民内部矛盾和敌我矛盾是两个基本不同的类型，不同类型的矛盾需要采取不同的解决方法。为了解决这些矛盾，需要找到其根源，可以通过改变制度、加强沟通等方式予以解决；而敌成矛盾是对抗性质的矛盾，必须通过一定的斗争才能解决。

最后，在矛盾论中我还学到了矛盾具有转化性，即矛盾在一定条件下可以从一种类型转化为另一种类型。这种转化通常是在相互作用与影响的基础上产生的，也可以说是矛盾的运动性质。例如，矛盾的主体经过一定的过程、方式和手段相互作用，可能会在一定程度上相互融合，从而产生新的矛盾类型。如“新时期的人民内部矛盾”等。

总的来说，《矛盾论》让我对毛泽东的认识从单一的“政治学革命者”变成一个涉猎颇多、博学多才的先生，他对于矛盾的论述让我深入地认识到矛盾的不可避免性，不同类型矛盾的特征，矛盾发展的过程及其解决途径等诸多问题。这些知识对我的学习和生活都将起到积极的指导作用。我相信，在今后的学习和生活过程中，我会更加注重正视矛盾、揭露矛盾、从而注重寻求合理、有效的解决方案，为实现个人价值和社会发展做出自己的贡献。

5. 少年维特之烦恼

《少年维特的烦恼》被视作狂飙突进运动时期最重要的小说，这部杰出小说获得了那个时代相当高的印量。本小说是德国文学界第一部在全世界范围内产生巨大影响的作品，而他的作者歌德，因此闻名于世界，所以本书于德国和歌德来说，意义重大。

本书取材于现实真实事件，在主人公维特的周遭充斥着腐败保守的官场、傲慢的贵族、庸俗屈从的市民。事业没能给他提供展示的空间，他只能转而寻求爱情的慰藉，但事与愿违，最终他不愿屈服于污流之中，在精神受到打击之后，走上了决绝之路。主人公是那个年代德国广大青年知识分子的缩影，他的经历，展示了一系列发生在一个市民阶层青年知识分子身上的典型事例，并精确细腻地加以描写生活，是典型环境中的典型人物的再现，是真正的本性。从少年维特身上，我们真切地看出了德国狂飙突进时期的典型特征。本书发表于1774年，18世纪下半叶，德国的发展进入了一个新的历史阶段，贵族矛盾和市民阶级日益加深。一批德国的年轻知识分子在法国启蒙运动思想家卢梭的日渐影响下，深深渴望自由，平等，民主，博爱。他们表达出了他们想要摆脱封建束缚、解放个性和建立合乎自然的社会新秩序的时代要求，对封建专制暴政和不平等社会制度发起了反抗。由于缺少爆发革命的条件，青年们就主要在文学领域展开了运动，这就是著名的“狂飙突进运动”。他们举着卢梭“返回自然”的口号，提倡投入自然的怀抱。歌德运用了现实主义的创作方法，在本书中以第一人称记录着人的内心生活的震动，揭示了心灵深处的隐秘。本书正是在这样的背景之下产生，也作为运动的创作实践推动狂飙突进运动的。故而，晓哲老师建议大家在阅读本书的同时，也需要结合当时的时代背景来感受作者的想法和意图。

作者约翰·沃尔夫冈·冯·歌德，出生于美因河畔法兰克福，德国著名的思想家、作家、科学家。他是魏玛古典主义中最著名的代表。晓哲老师非常钦佩歌德，他除了在文学上有很高的成就之外，在艺术上也有很高的造诣。艺术来源于生活而高于生活，晓哲老师每当在工作生活中遇到一些难以处理的问题和困惑时，就会从书橱中拿出这本书，再重新感受一下维特的烦恼，再试着从旁观者的角度来解析维特的烦恼，从而解决自己现实生活中遇到的困惑。

《少年维特的烦恼》作为一本书信体小说，对于同学们来说是比较容易阅读的，能够直观地感受到主人公每一阶段的思想动态，不像其他的哲学书那样枯燥乏味。晓哲老师觉得在阅读本书的过程当中，可以随着主人公维特的心路历程适时地写一些心得体会，感受维特的内心与烦恼。当然，不能为了读书而读书，可以在此过程中结合自身的情况得到更多的人生感悟。在感受维特悲观的价值观中，用积极的人生态度去直面现实生活中的不易，这样，在阅读的每一个阶段，都能得到更多更好的精髓。当然，也可以在阅读的过程中相互分享、讨论，用马克思主义的唯物辩证法看待生活中的每一个挫折。

同学的阅读心得

主人公名为维特，出生于一个较为富裕的中产阶级家庭，受到过良好的教育，同时能诗善画，热爱自然，我们可以感受到他是一个多情善感的人。故事转折于一次舞会，他偶然结识并爱上了绿蒂，然而她已有婚约在身，爱情上的挫败使维特悲痛欲绝，而在回归城市后又因与封建社会的格格不入，维特感到自己前途无望而自杀。

整部作品像一篇感伤的抒情诗，歌德把主人公的欢愉和痛苦毫无造作地表达在作品中，而它的出版也给当时社会带来了不小的轰动，正如歌德所说的那样："这主要是因为他的出现适逢其时的缘故，就像爆炸一只地雷只需一点导火索那样。"由此，读者因小说中人物的经历引发共鸣。故而，这无疑是一部成功的作品。

对于维特而言，在遇到绿蒂的那一刻起，命运的齿轮就开始转动，他开始接受灵魂的折磨和道德的拷问，这无疑是让他痛苦的；然而当他想要逃避，下定决心离开自己爱而不得的人时，封建生活的黑暗和压力紧紧地捆住了他，这时的社会压力也让他的灵魂备受折磨，事务的死板和礼仪的拘束摧毁了他对于城市生活的希望。这时，他开始怀念过去，执念过去，灵魂的双重折磨终究让他无法承担，最后他选择结束自己的生命。

作品用真挚明了的语言，直面剖析出主人公矛盾的内心。这部作品是歌德早年时期最重要的一部著作，德国"狂飙突进运动"最丰硕的成果，被誉为世界文学宝库中的珍品。它一出版就掀起了"维特热"，在读者中反响热烈。然而在狂热背后，也应引发读者和相关人士的思考：在遇到挫折时，在被灵魂折磨而痛苦时，是否了结自己的生命是正确的选择？因此，究竟该如何做才能直视自己的灵魂，不愧对人生一遭，值得商议。

6. 西西弗神话

《西西弗神话》是来自法国的阿尔贝·加缪的一部哲学随笔集。

在这部散文集中，作家集中处理了死亡与反抗、幸福与悲剧、存在与拯救、人生的荒谬与荒诞性等一系列重要哲学命题。其中，西西弗这一古老的神话形象是整部随笔集的核心所在。

今天我们要着重讲述的，就是其中的一篇——《西西弗神话》。需要提的是，本文篇幅虽然最短，但却是一篇体现加缪思想要义、提纲挈领的文章。在本文中，阿尔贝·加缪提出了自己的明确哲学思想，以两千多年前希腊神话中西西弗的故事为背景，并深入浅出地上升为哲学思考，最终形成了加缪哲学思想的认识论。在神话中，西西弗得罪了诸神，诸神罚他将巨石推到山顶。可是，每当他用尽全力将巨石推近山顶时，巨石就会滑落，再次滚到山底。西西弗只好再次走下去，重新将巨石奋力向山顶推去，日复一日年复一年，陷入了永无止息的苦役之中。作家加缪从这则著名的古希腊神话中发现了人类现实困境的某一种象征意义，于是写成了《西西弗神话》来阐述他荒谬英雄理念的。

阿尔贝·加缪，因“热情而冷静地阐明了当代向人类良知提出的种种问题”而于 1957 年获诺贝尔文学奖，是史上最年轻的诺奖获奖作家。在他的小说、戏剧、随笔和论著中，加缪深刻地揭示了人在异己世界中的孤独、自身的日益异化以及罪恶和死亡的不可避免性。但他看清世界的同时却并不颓丧和绝望，他主张要在悬崖边中奋起反抗，在绝望中坚持真理和正义，他努力为世人指出一条独立于基督教和马克思主义之间的自由人道主义道路。他有直面惨淡人生的勇气、知其不可为而为之的大无畏精神，这些使他在第二次世界大战之后成为了他那一代人的代言人和下一代人的精神导师。晓哲老师非常钦佩作者通透的思想，故而，当自己处于逆境中时，西西弗也给我无限量的勇气和力量来面对未知的结果。《西西弗的神话》让晓哲老师明白了：没有苦难，人类就没有所谓的幸福；没有苦难的永恒，人类也就没有对幸福的永世追求。我们要下决心在这冰冷而又燃烧着的有限世界中生活！主人公是个荒诞的英雄，尽管他的工作可能是毫无意义的。如果西西弗推石是在痛苦地进行着的，那么这个工作是否也可以在欢乐中进行？也就是说可以将原本痛苦的工作视为一种幸福——明明知晓那是没有尽头的，与其一直痛苦还不如快乐接受。就像我们当今的工人，他们终日完成的是同样的工作，没日没夜，而只有工人在偶然时刻变得有意识了才是悲剧性的。西西弗，这个进行无效劳役而又进行着反叛的无产者，他清清楚楚地知道自己所处的悲惨境地：在他下山时，他想到的正是这悲惨的结局。在西西弗痛苦地认清现实的同时也造就了他的绝对胜利。我们可以想象西西弗一次又一次地回头走向他的巨石。如果你也对生命存在的意义开始思考，那么恭喜你，你的思想已开始往更深处延展了，即会思考人生的意义和价值，那么西西弗的存在就有了意义。

同学的阅读心得

《西西弗神话》是法国存在主义作家加缪的哲学随笔集。

加缪认为，荒谬无处不在。譬如西西弗由于受到诸神的惩罚而不得不将巨石推上山顶，待巨石滚落后无限重复这种无效且无望的劳动。我们不必将巨石推上山顶，但某种意义上我们也经历着同样的荒谬。对于死亡的必然性，加缪说："在这唯一的死亡的命运之外，一切快乐或幸福都是自由。人是维系这个世界的唯一主人。"面对荒谬，他选择反抗。西西弗选择反抗。在西西弗的身上体现出一种悲怆而崇高的英雄主义，他的快乐是他对于命运的反抗。幸福的西西弗战胜了诸神。

荒谬与反抗是加缪创作的重要主题，我们可以在《西西弗神话》里读到荒谬，读到无意义，读到生命的悲剧性，但最终加缪告诉我们“生存本身就是对荒谬最有力的反抗”。

西西弗永远行进。

7. 局外人

该书的作者是阿贝尔·加缪，法国作家、哲学家，存在主义文学、“荒诞哲学”的代表人物。《局外人》是他创作的中篇小说，也是存在主义文学与哲学的代表作品。因此，对于学习者来说，它是一部非常值得阅读的书籍。

首先，书中形象地体现了存在主义哲学关于“荒诞”的观念。一开始荒诞是作为一种感性的感受存在的，而在后来“荒诞”被频繁地使用，用来形容人的生活，人失去了立足点和安全感，陷入一种矛盾、无望、无序的境况之中，荒诞以此成为人类生存处境和人的命运的主题。存在主义此时应运而生，对人的存在、生存和自由等问题进行解答，力图为人们的虚无感和矛盾找寻出路。①

其次，该书作为加缪的巅峰作之一，将他对虚无主义的深刻理解，对存在主义的完整诠释，以他所独有的，以反抗的方式面对荒诞世界的核心理念，以一种通俗的、具象的、特别的形式展现了出来。

再次，该书的作者是明确地把“荒诞”提升到哲学高度的第一人，在作者看来，荒诞是作为人的现代境遇的体现。他对荒诞感的描述多基于直接的生活经验，是人在生存中体验到苦闷、空虚、绝望之后所产生的情绪，在荒诞的情绪之下，人们常常会觉得生活没

① 蔡丽琴，饶红玉，李敏.《论加缪荒诞哲学及其意义》[J].《文教资料》，2018（23），100—101。

有意义，无法理解、抵抗这个世界。表面上看荒诞带给人们的是悲观、苦难，① 但实际上深刻之处就在于他进一步挖掘了荒诞的内核，他揭露荒诞的终极目标是指向人们对本真的追求，提醒人们要进一步考察荒诞感之后荒诞的意义。

最后，作者通过该书向我们传达一个理念："人生没有希望但并不包含绝望。所以，要活得真实而不虚伪，就必须坚守下去，并不是不愿迂回，而是没有退路可走。"倘若如此一想，默尔索式的冷漠，却具有积极反抗的基调，反而不失为一种大勇大智的精神，其在精神上战胜了荒诞，同时获得了自由。

因此，从以上几个方面来说，这本《局外人》值得我们老师学习，也更值得学生阅读。

同学的阅读心得

存在即合理，因为在这个社会上，不合理的永远在它存在的第一秒末被湮没。阿尔贝·加缪是法国著名的小说家，亦是存在主义文学大师，他是最年轻的诺贝尔获奖作者之一，在 1957 年获诺贝尔文学奖。

在《加缪笔记》中，他自己描述了这样的一个故事：一个不愿意自我辩解的人，人们对他产生的看法更受他的青睐。他死去时，唯有他始终意识到自身的真相——这种慰藉何其空虚。

本书的主角就是这样的一个人，一个在自己母亲的葬礼上都没有哭泣的人。他早已看透社会上的交往法则，并对其感到厌倦。他保持着自己的本性，坚持自己的真理。他不愿再去撒谎，虚伪的微

---

① 蔡丽琴，饶红玉，李敏 .《论加缪荒诞哲学及其意义》[J].《文教资料》，2018（23），100—101。

笑只是人们用来保护自己的工具；他又似乎是一个矛盾的人，他在乎别人对他的看法，在意他人对自己的评价。

本书分为两个部分，加缪先生将基督教的“灵魂审判”以及群体不适应理性的无意识“乌合之众”行为进行批判，他用小说的形式，向我们提出疑问，法律可不可以审判一个人的灵魂，使我们思考绝望的人是不是真的没有故乡，他将深刻的内涵淋漓尽致地展现在我们面前。

人是一种社会型的生物，他与生俱来的本领就是希望能把自己内心的想法说出来，无论用哪一种方式，在学校里、在社会上，我们都喜欢那些能够侃侃而谈，幽默风趣，善于交际的人，他们博学多识，好像轻而易举便可与身边人心有灵犀。他们可以是最聪明的人，也可能是最没有思想的人。

每个人都是别人的“局外人”。

这场局是人们在社会中生存的法则，我们该如何去对待这样的游戏规则，又该不该参与或者退出这个游戏。

或许你觉得自己在人群中格格不入，或许你在对自己抑或是周围的一切感到迷惘，或许你希望坚持自己的本性又关注着别人的目光，或许在这一刻，你静静站着，心里却翻涌着海啸，或许你并不是一个会说话的人。

那么，你需要的只是《局外人》

确认生命中的荒诞感绝不可能是一个终点，而恰恰是一个开始。当感受到生活的矛盾和自己的无力，恰恰是你学会思考的第一步。

8. 论人与人之间不平等的起因和基础

该书是卢梭 1753 年应法国第戎科学院的征文所写的论文。

该书不仅还原出一部人类社会发展史，同时还包含了卢梭对启蒙哲学的批评，特别是对现代自然法传统的颠覆，以及对古今理性主义哲学的否定。当卢梭同时代的一些哲学家把人类的进步设想为一个不断上升的过程时，他却发现人类历史发展本身所具有的进步与落后的两面性，以及所包含的内在矛盾。①

通过阅读此书，我们可以了解人与人之间不平等的源泉。卢梭认为人与人之间的不平等，并非源自人的自然本性，而是随着人类文明的进步，私有制的进一步发展所带来的退步性代价。人在未开化的原始状态中人与人之间是平等的，可是随着人们自我完善能力的发展和人类知识的进步，不断追求科学技术的进步与文化的发展时，人与人之间的差异便变得越来越大，从而自然而然地导致不平等的开始。“后来的种种进步，表面上看起来是使个人走向完善，但实际上却使整个人类走向堕落”，掉进不公平的社会化陷阱中。因为当文明向前走一步，不平等也会向前进一步。从这个意义上说，人类既是在进步，又是在落后。

在了解人与人之间不平等的源泉之后，还可以找出对应的解决办法。卢梭认为要摆脱这种不平等，同样也就只能从人类社会的本性中寻找出路。当到了专制主义者统治之下时，这种不平等便会发展到达顶点，而这个顶点又会成为新的平等的起因和基础。在卢梭看来，这个新的平等就是更高级的、基于社会公约的平等。

这本书有独具匠心之处。卢梭在论文前面加写了一篇献词，将献词、序言和小引这三篇短文，作为引人入胜的前奏，犹如三道画廊，向我们展示许多生动的形象，引导我们走入上古时期广袤无垠

---

① 刘禹彤.《卢梭的臆想史学与自然权利——读〈论人与人之间不平等的起因和基础〉》[J].《诗书画》，2016（3）：22—27。

的大草原和原始大森林，再一步步追溯远古，一步步唤起我们的想象力，跟他一同观看自然状态中未开化的野蛮人。

此书的第一部分卢梭着重阐述自然状态中的自然人或野蛮人，指明“不平等现象在自然状态中是极不明显而且其影响几乎是零”；第二部分则追溯了原始人随着资质的发展，各种观念形成，逐渐走向完善，从而自然的不平等逐渐展开和扩展的过程。通过这些描述向我们展示了：随着人类文明的不断进步，私有制的进一步发展，人与人之间的不平等现象越来越严重，社会等级的区分越来越明显，贫富的差距越来越扩大。针对这个问题的解决，卢梭并不像伏尔泰等人那样主张退回到原先的自然状态，返回原始大森林。因为他知道事物的发展是不可逆的。他并不主张回退到原始状态去，更加不赞成永远停留在自然状态而不进入社会状态。他在论文中所谴责的，是社会状态下错误的发展方向和社会结构只有利于富人和统治阶层。

通过阅读此书，我们可以学习卢梭的一些民主思想和辩证思想。恩格斯就曾在《反杜林论》中提到过卢梭的这本书，说它和狄德罗的《拉摩的侄儿》都是 18 世纪辩证法的杰作。此书的价值还在于，它不仅是卢梭哲学思想的重要一环，也是我们理解法国哲学史乃至整个法国社会发展史的一个重要切入点。

因此，从上面几个方面的分析来看，我很乐意推荐此书。

同学的阅读心得

1753 年 11 月，法国第戎科学院在《法兰西信使报》上刊登了一则有奖征文启事，征文题目如下。

人与人之间不平等的原因是什么？这一现象是否被自然法则所允许？

虽然卢梭的这篇论文并没有获奖，但这并不妨碍了它的光辉。

这本书的论述基于这样一个前提：人性本善。卢梭用了整整一章的文字来阐明这样的前提，需要注意的是，不仅仅是在这本书中，也应当推广到整个学习哲学的过程中去，我们不可用常识来解释这些文字，哲学本身便有着“陌生化”的性质。卢梭所言的善，不是有道德的意思，而是指天生有喜欢掠夺，伤害其他生灵愿望（当然这种伤害既不能使自己的生存条件改善，也没有实际的意义，只是作为一种纯粹的本能）的反面。

让我们回到“前提”这个问题上来，既然要讨论不平等的起因，就要追溯到不平等这种现象出现的那一刻上，卢梭想到了这一点，也正是这一点让卢梭不同于别的政治哲学家。他首先意识到当我们拥有历史的那一刻起，不平等就随之建立起来了。

他不和任何人交往，甚至对自己的存在也没有意识，这种情况持续了无数个世纪，千百代人在静静的时光流逝中诞生，度过数十寒暑，最后又悄无声息地回归大地。人类就是这样一代又一代地繁衍，“每一代人都照例从原先那个起点开始，千百个世纪都像原始时代那般浑浑噩噩的过去：人类已经老了，但人依旧还是个孩子”。

卢梭大胆论断这便是在我们拥有文明的历史之前的景象。他又说：

谁第一个把一块土地圈起来，硬说这块土地是我的……这个人就是文明的缔造者。

既然这样我们现在所遵守的伦理道德，所依赖的社会秩序都是建立在不平等这一基础之上的，何等大胆！不仅否定了资本主义所依赖的私有制经济制度，甚至认为人权说这类东西都只是建立在虚假与错误的基础上。我们的法律只是在对自然法的蹩脚模仿中形成的“我如是想道”。

当然，这只是卢梭阐述思想的一部分，如果只是一味缅怀人类过去的“牧歌,”那卢梭也只是傅里叶之流而已。

这一前提的指出，便是间接地指明人性本善的论断中的善字不可做寻常的理解。

另一点需要指出的是，卢梭这篇论文，以及之前的一篇《论科学与艺术》，体现了他思想的前瞻性。卢梭在此文中提出的自然状态其实是一种循环史观的体现，马尔克斯的《百年孤独》中反复出现的人名，《生命不能承受之轻》中的牧歌，这些西方现代主义文学著作中提及的东西，早在几百年前便有了雏形。

总的来说，这本书语言并不晦涩，读起来大概只需 1 个小时即可，但其中的思想确实可以足足消化上几个月。

9. 新工具

该书是英国文艺复兴时期（1500—1660 年）著名的哲学家弗朗西斯·培根的哲学代表著作。它是针对古希腊哲学家亚里士多德所著《工具论》一书而命名的。在培根看来，亚里士多德在《工具论》一书中提出的以演绎法为主的认识方法对科学技术的发展是无用的，应加以批判和抛弃，代之以真正新的认识方法和认识原则，即《新工具》的由来。《新工具》论述包括科学归纳法在内的唯物主义经验论哲学思想，号召人们采用实验调查法，把经验上升为一种科学原则和考察方法，创立了自然科学的新方法——建立在观察、实验基础上的归纳法，并称之为“新工具”。这些内容可以和我们高二年级哲学课本联系起来，通过读这本书，同学们可以加深对我们课本中科学思维方法的理解和运用。

通过阅读本书可以加深我们对哲学历史的了解。培根在序言里首先分析了当时的哲学状况，一派是认为自然界法则已被人类所认识，不需要再作进一步的探求；另一派则认为没有任何事物是可解的。这两种学派的观点都极为不利于人们获取知识。同时，培根又认为，传统哲学和经院哲学所培养的是知识的哲学，它们所采取的方法是“人心的冒测”。这些哲学的认识论基础是建立在逻辑上而不是建立在实践基础上的，是不牢固的。

通过阅读此书，我们可以理解科学方法的运用。培根在分析了当时哲学状况之后，说明了写作此书的目的是开拓一条新路，创立新的认识方法，以利于人类对自然开展认识与研究，增强人类驾驭自然的能力。他指出人类在解释自然、认识自然时，既不能妄自尊大，也不能悲观失望。

在读第一卷时，我们可以学习科学主义的认识原则和方法。培根认为，要想扫除人类认识道路上的各种障碍，不能仅仅停留在对流行哲学和经院哲学的批判上，同时还必须进一步对人类认识产生谬误的根源从认识论上加以揭露，从根本上根除错误。为此，他批判中世纪经院哲学，提出了著名的四假象说。它也反对人们研究自然，把哲学的研究目标与宗教体系结合起来，利用哲学来论证上帝的存在，极大地阻碍了人类的进步。培根反对经院哲学，提出知识就是力量。

在读第二卷时，我们可以学习科学主义的归纳方法。培根认为，世界是物质的，在自然界中存在无数的个体事物，个体事物的基本成分是“简单性质”，而在“简单性质”的背后则有“形式”作为决定它的基础。形式和简单性质之间的关系就是本质和现象、原因和结果的关系。他还认为人类要了解世界、观察世界，一切自然的知识只能来自感官对外部世界的感觉，科学知识不仅要以感觉为依据，还要把从感觉得来的材料，用合理的方法加以分析、整理，上升到普遍原理，借以发现事物的本质和规律。这种合理方法，就是培根所倡导的归纳法。在运用归纳法时，首先要广泛收集事实材料作为基础，其次合理整理事实材料，列出存在表、差异表和程度表，以便分析比较，这就是他的“三表法”。最后，归纳出一个肯定、真实、定义明确的结果。培根提出的归纳法对欧洲近代哲学和科学方法论等产生了很大的影响。马克思称赞他为“英国唯物主义和整个现代实验科学的真正始祖”。

但是，我们必须看到，培根的《新工具》也有一些不足之处。比如他在批判传统哲学时，对亚里士多德的哲学全面的否定，甚至还进行了人身攻击。虽然亚里士多德的哲学存在不足之处，但就人类认识进程而言，他的历史贡献是无可否认的；其次，培根的归纳也有一些局限。这些都是我们在看这部书时必须要注意的。

通过阅读此书，我们既可以了解培根给予我们的一些思维方法，又可以了解归纳方法的具体的内容，还可以使用这些方法分析我们的现状。因此，该书值得我们每个热爱哲学的同学阅读。

同学的阅读心得

欧洲15世纪的文艺复兴时代是一个大师辈出、光辉灿烂的时代。而其中的一个重要人物便是哲学家、科学家，同时也是一代文豪的弗朗西斯·培根爵士。而《新工具》是弗朗西斯·培根的一部哲学与逻辑学著作，阅读它，自然对人大有好处。

该书原名《新工具或解释自然的一些指导》，是《伟大的复兴》的第二部分。最初于1620年出版。全书共分为两卷。在上卷中，培根重点批判了两种不利于人们获取知识，了解世界的哲学思想，提出了著名的“四假象说”，主张人类应当努力认识自然规律，才能应用规律，征服自然；在下卷中，培根论述了归纳方法，奠定了归纳逻辑的基础。

读书，特别是读哲学，是对人们大有好处的。尚且不论将哲学方法论运用于实践，阅读哲学书，体会哲学家们的思想与其逻辑推理方法，对于我们的学习生活工作都有所裨益。而培根的《新工具》，就如其名字一样，其内涵是一种先进、系统、符合唯物主义观点的思想工具。毫无疑问，它能使我们的思想方法有所进步，思维层次得到提升，用一种更加科学的方式看问题。

对于中国人来说，逻辑思维是一个短板。古典的中国哲学主要将目光聚集在人性与自然上，对于逻辑的推究与考量一直不是重点，甚至受到批判。而在科学思维日益重要的今天，我们需要用逻辑思维武装自己。这时《新工具》便成为了一本很好的指导材料。

正如在《新工具》中，培根提出的：自然中真正存在的东西，都是按照一定规律运动的个体，哲学的目的就是研究这种规律，思想上得到真理，行动中得以自由。阅读这本书，虽然不会让你明白真理，却能教你探寻真理的方法。

10. 当尼采哭泣

该书的作者是欧文·亚隆，世界著名心理治疗大师、精神医学大师、美国团体心理治疗的权威、存在主义治疗法代表人物之一。他写了很多关于心理治疗的数本经典教科书，以及很多心理治疗小说。《当尼采哭泣》就是一本经典的心理推理小说，荣获了许多奖项，还被翻译成 24 种语言，在世界范围内发行，并在 2007 年被拍成同名电影。

此书在人物角色的设计上，部分真实，部分虚构，亦真亦假。尼采，著名的哲学家和诗人，他著名的“超人哲学”饱受争议。布雷尔，19 世纪末欧洲闻名遐迩的医生，弗洛伊德的导师。弗洛伊德，精神分析学派的创始人。莎乐美的职业是精神分析学家。心理学史上著名的“安娜·欧事件”的原型人物是贝莎。

通过阅读此书，我们可以了解到，哲学在有些方面，可以治疗心理。在这本小说中，亚隆透过史料和名著中呈现的真实历史、思维观念和人格特质，将现实生活中从未碰过面的两位大师——医学大师布雷尔和存在主义大师尼采连接成医生和病人，进行了一段扣人心弦的谈话治疗。经历了一场不知谁是病人、谁是医生的心理治疗，几经峰回路转，最终尼采运用哲学的方法帮布雷尔治疗心理上的绝望，布雷尔帮尼采治疗身体上的疾病，二人都得以超越自己的人生困境。

此外，该书还涉及对哲学和心理学关系的探索。作者用简单易懂的方式说明了心理治疗与存在哲学的观念和历程。这部小说探讨的话题涵盖面很广泛，包括中年危机、婚姻问题、情绪勒索、自我探索、现实问题等话题，这些话题的核心都是存在的问题。亚隆的存在主义哲学认为，人是自由的，且要为自己的行动和选择负责。可以说这部小说是心理学和哲学对存在的探索，主要探讨现实生活中所需要面对的存在问题，即人一生的四个终极关怀——死亡、孤独、自由、人生的意义。书中这四个主题不断浮现在二人的谈话中，假设依托历史名人所呈现出来的种种问题以及超越的过程。其实，真正反映的是世间的人性与生活，引发读者进行思辨和探索人性，找寻真实而可贵的自己。

同学的阅读心得

《当尼采哭泣》的作者是心理治疗师、精神科医师、深谙存在主义哲学的欧文·亚隆（Irvin D. Yalom）。他以通俗易懂的方式，通过这本小说，来说明存在哲学与心理治疗的观念。本书的译者为台湾大学哲学系毕业，政治大学哲研所硕士，雪梨大学哲学硕士，澳大利亚悉尼大学哲学系博士，台湾中正大学哲学系副教授。

书中的主角假设依托19世纪末的两位大师：医学大师布雷尔和存在主义大师尼采，通过史料以及呈现出的两者性格特点和思想，将他们联合成一位病人和一名医生。如易之新所说："假托历史名人所呈现的种种问题以及超越的过程，其实反映的是世间的人性和生活，故事虽然精彩，但是在生活中似曾相识，主角虽然特别，却不失人性的艺术。当名医遇见超人，所发生的事情，和你我这些凡夫俗子相遇所发生的事情，其实是大同小异的。"

本书的内容涵盖的方面十分广泛，却都是围绕着"存在"的问题展开，是哲学和心理学对于存在的探讨，更是对我们生活意义的思考。

书的开篇，布雷尔便收到了来自陌生人路·莎乐美的鲁莽短笺，在他们见面后，不到一个小时的谈话里，布雷尔被她的美丽、大胆、聪颖所吸引，他感觉得到自己的脸红耳赤，他终究抵挡不住她注视的眼眸，在她继续说话时，将目光转移到别处的地方。他不再急于回到妻子的身边了，这是多么讽刺的有意义啊，他想。"你是无意穿堂风，偏偏孤据引山洪。"故事随后围绕着布雷尔和尼采两人深陷在"对欲望，比对欲望的对象爱得多"的情感中，他们都将对象赋予了自己希望从他们身上看到的得到的那些意义，假如喜欢，就该只喜欢其本身，而不该掺杂我们自己的任何期待。

为什么有些人不爱交际？

既不想麻烦别人，也不希望打扰自己。这就是你为自己的孤独寻找的借口。

"孤独只存在于孤独之中，一旦分担，它就蒸发了。"类似的情形也可能出现在我们的生活中，性格是我们与生俱来的礼物，有人善于交往，有人不爱交际，可每个人都喜欢那些孩童、瓜果、蚊蝇，那些撑起盛夏傍晚巷口的热闹，那些带着烟火气息的人情味，与自己有关，这就是人心。热闹不是只属于他们的，孤独也不是只笼罩着你的。

故事的结尾，一向意志坚强的尼采，那个自诩高傲的，那个只会在病痛中无意识地才能说出“帮助我”的尼采，拿掉了他的眼镜，把脸埋在手帕里，留下了一道道的泪痕，他的啜泣声，令我手足无措，当尼采哭泣时，他才真正做到了他所说的“成为你的存在”。

在布雷尔以为他将终身陷在这些畸形复杂的关系时，当经历了他荒唐的梦境后，他回到了现实中，回到了他的妻子、孩子身边，不论之前，他多么纠结，那么痛苦，这个结局绝不会是被束缚的命运，而是他选择了自己想要的生活，他走向了他选择的那条路。

“我去旅行，是因为我决定了要去，并不是因为对风景感兴趣。”马尔克斯在一书中写道。你可以一无所有，你可以随心所欲，要知道“任何不曾杀死你的东西，让你更强壮”，成为你的存在，选择你的选择。

这是一本精彩的心理推理小说，更是一本值得你去阅读，去思考你人生意义的哲学书。

后　记

当本书与读者见面的时候，需要感谢的人很多。感谢吴中枏老师邀请我写一本让中学生有兴趣看的哲学读物，以提高中学生的辩证思维。让我有机会把三十年来和学生课内外探讨学习和生活中的问题，从哲学的视角来诠释，从而让哲学更贴近学生生活与学习，使中学生能感受到哲学的有用性。

这是一本集体智慧的书，一群年轻的政治老师参与其中，丁永媛、张睿、唐莺、杨伟明、计旺慧，因为有了他们的加入，才让这本书更加充实而多彩。

还要感谢一群善于思考、敢于提问的中学生，他们是黄端琦、朱忆园、卢欣悦、谢奕雯、姜汶伶、马正禾、吴珂、董胤辰、陈书祺、梁璟晶、朱芷仪、顾隆震、盛乾骜、舒周禹、张洪宇、徐奕斐、朱予同、瞿晓峰、郑振宇、徐亦非、陈睿怡、王雨欣、蔡皓宇、赵乐瀛、陈荻翀、冯亘仪、毛知惟、徐诺、赵聪娴、周理韡、江子安、李小玥、朱祺绮等同学，你们的分享和提问被收录到书中，激发了写作的思维火花。还要感谢其他同学，由于限于篇幅没有被用到书中。

本书的书目推荐是学生和老师共同完成的，感谢杜经纬、毛知惟、秦智涵、徐奕斐、郑振宇、陈荻翀、潘龙滢、钟乐慈、胡逸凡等同学。

感恩有你们。

图书在版编目(CIP)数据

哲学的回音:高中师生哲思之旅/张昱懿著.—上海:上海三联书店,2023.5

ISBN 978-7-5426-8113-3

Ⅰ.①哲… Ⅱ.①张… Ⅲ.①哲学-青少年读物 Ⅳ.①B-49

中国版本图书馆CIP数据核字(2023)第081234号

哲学的回音:高中师生哲思之旅

著　　者/张昱懿

责任编辑/殷亚平
装帧设计/徐　徐
监　　制/姚　军
责任校对/王凌霄

出版发行/上海三联书店
(200030)中国上海市漕溪北路331号A座6楼
邮　　箱/sdxsanlian@sina.com
邮购电话/021-22895540
印　　刷/上海惠敦印务科技有限公司

版　　次/2023年5月第1版
印　　次/2023年5月第1次印刷
开　　本/890mm×1240mm　1/32
字　　数/150千字
印　　张/6.125
书　　号/ISBN 978-7-5426-8113-3/B·845
定　　价/68.00元